O contexto curricular do Estado de São Paulo

Universidade Federal de São Carlos

Targino de Araújo Filho
Reitor

Pedro Manoel Galetti Junior
Vice-Reitor

Oswaldo Mário Serra Truzzi
Diretor da EdUFSCar

EdUFSCar – Editora da Universidade Federal de São Carlos

Conselho Editorial
José Eduardo dos Santos
José Renato Coury
Nivaldo Nale
Paulo Reali Nunes
Oswaldo Mário Serra Truzzi (Presidente)

Fernanda do Nascimento
Secretária Executiva

Universidade Federal de São Carlos
Editora da Universidade Federal de São Carlos
Via Washington Luís, km 235
13565-905 – São Carlos, SP, Brasil
Telefax: (16) 3351-8137
E-mail: edufscar@ufscar.br
http://www.editora.ufscar.br
Twitter: @EdUFSCar

Paulo César Oliveira
(Organizador)

O contexto curricular do Estado de São Paulo

reflexões via Registros de Representação Semiótica

São Carlos

EdUFSCar
2011

© 2011, dos autores

Coordenação Editorial
Vítor Massola Gonzales Lopes

Preparação e Revisão de Texto
Marcelo Dias Saes Peres
Aline Cristina Dias Galvão Neves
Daniela Silva Guanais Costa

Editoração Eletrônica
Ricardo Erlo
Vítor Massola Gonzales Lopes

Impressão e Acabamento
Departamento de Produção Gráfica da Universidade Federal de São Carlos

Ficha catalográfica elaborada pelo DePT da Biblioteca Comunitária da UFSCar

```
         O contexto curricular do Estado de São Paulo : reflexões via
C761c    registros de representação semiótica / Organizador:
         Paulo César Oliveira. -- São Carlos : EdUFSCar, 2011.
         54 p. — (Série Apontamentos).

         ISBN: 978-85-7600-242-0

         1. Educação matemática. 2. Educação - proposta
         curricular. 3. Representação semiótica. 4. . I. Título.


                                            CDD: 510.7 (20ª)
                                            CDU: 51:371
```

Paulo César Oliveira é professor adjunto no *campus* da UFSCar de Sorocaba.

Todos os direitos reservados. Nenhuma parte desta obra pode ser reproduzida ou transmitida por qualquer forma e/ou quaisquer meios (eletrônicos ou mecânicos, incluindo fotocópia e gravação) ou arquivada em qualquer sistema de dados sem permissão escrita da editora.

SUMÁRIO

APRESENTAÇÃO 7

CAPÍTULO 1
ENSINO DE FRAÇÕES VIA REGISTROS DE REPRESENTAÇÃO SEMIÓTICA:
UM ESTUDO DE CASO 9

    INTRODUÇÃO 9

    MÚLTIPLOS REGISTROS DE REPRESENTAÇÃO SEMIÓTICA 9

    O ESTUDO DE FRAÇÕES NO ENSINO FUNDAMENTAL II 11

    OS RESULTADOS DA PESQUISA 13

    CONSIDERAÇÕES FINAIS 15

    REFERÊNCIAS 17

CAPÍTULO 2
SARESP 2009: MÚLTIPLOS OLHARES EM QUESTÕES DO 9º ANO VIA REGISTROS DE
REPRESENTAÇÃO SEMIÓTICA 19

    INTRODUÇÃO 19

    1. REGISTROS DE REPRESENTAÇÃO SEMIÓTICA: POTENCIALIDADES NA APRENDIZAGEM 20

    2. SARESP 22

        2.1 Dados gerais 22

        2.2 Competências e habilidades 22

        2.3 SARESP 2009 23

        2.4 Análise de Registros de Representação Semiótica em itens da prova SARESP 2009 24

            2.4.1 Atividade 1 24

            2.4.2 Atividade 2 27

            2.4.3 Atividade 3 29

2.4.4 Atividade 4 31

2.4.5 Atividade 5 33

CONSIDERAÇÕES FINAIS 35

REFERÊNCIAS BIBLIOGRÁFICAS 36

CAPÍTULO 3
GRÁFICO DE SETORES NO CADERNO DO ALUNO: ANÁLISE DOS REGISTROS DE REPRESENTAÇÃO SEMIÓTICA PRODUZIDOS POR ESTUDANTES DO 7º ANO DO ENSINO FUNDAMENTAL 39

INTRODUÇÃO 39

A ESTATÍSTICA NO ENSINO FUNDAMENTAL II 40

DEMANDA EDUCACIONAL NA APRENDIZAGEM ESTATÍSTICA 44

PRODUÇÃO E ANÁLISE DAS INFORMAÇÕES 46

SITUAÇÃO DE APRENDIZAGEM A1 47

SITUAÇÃO DE APRENDIZAGEM A2 49

CONSIDERAÇÕES FINAIS 52

REFERÊNCIAS BIBLIOGRÁFICAS 53

APRESENTAÇÃO

A produção coletiva deste texto é fruto de uma etapa de sistematização de estudos e aplicações da teoria de Raymond Duval, no âmbito do curso de Licenciatura em Matemática.

No segundo semestre letivo de 2010, cinco licenciandos cursaram a disciplina de Instrumentação para o Ensino da Matemática A. Com exceção do aluno Alberto, os demais já estavam envolvidos com atividades de pesquisa. As alunas Beatriz e Maria Cristina têm desenvolvido projetos de iniciação científica na área de Matemática. Já os alunos Vitor e Camila estão envolvidos com o Programa Institucional de Bolsa de Iniciação à Docência (PIBID).

Após os estudos dos Parâmetros Curriculares Nacionais para o Ensino da Matemática (5ª a 8ª série do ensino Fundamental II) e da Proposta Curricular do Estado de São Paulo (2008), abordei o uso e a importância dos registros escritos na aprendizagem matemática. Já era do conhecimento destes alunos o meu gosto pela escrita e difusão daquilo que é produzido "por detrás da porta" de uma sala de aula. Quando formalizei o convite para participarem deste material como coautores, optamos por escrever os dois últimos capítulos desta obra.

No final de novembro de 2010 recebi notícias de que o Trabalho de Conclusão de Curso (TCC) da minha ex-aluna Jeanne estava pronto. Como sua temática envolvia a aplicação da teoria dos Registros de Representação Semiótica no ensino de frações, tendo por base a reflexão sobre a Proposta Curricular vigente em nosso Estado, concordamos em inserir um texto síntese do TCC em questão.

O material presente é composto de três capítulos. O primeiro, escrito por Jeanne e Eliane, procurou detectar e analisar as dificuldades encontradas por alunos da 8ª série (atualmente 9º ano) do Ensino Fundamental na compreensão do conceito de fração, além de apresentar os resultados da aplicação de uma atividade com o jogo Tangram.

O segundo capítulo, escrito pelo organizador da obra e os licenciandos Alberto, Beatriz, Camila, Maria Cristina e Vitor, destaca a análise de cinco itens da prova SARESP 2009 destinada a alunos da 8ª série. Finalmente, o terceiro capítulo, escrito pelo organizador da obra e o licenciando Vitor, envolve a análise de desempenho de alunos da 6ª série em situações de aprendizagem envolvendo gráfico de setores.

Desejamos difundir as contribuições de Raymond Duval para os demais alunos de nossa Licenciatura, bem como os pós-graduandos do Mestrado Profissional em Ensino de Ciências Exatas, por meio de atividades de extensão, com o objetivo de produzirmos coletivamente novas publicações e constituirmos um grupo de pesquisa nesta temática.

Paulo César Oliveira

CAPÍTULO 1
ENSINO DE FRAÇÕES VIA REGISTROS DE REPRESENTAÇÃO SEMIÓTICA: UM ESTUDO DE CASO

Jeanne Campelo da Cruz Uliana

Eliane Matesco Cristovão

INTRODUÇÃO

Esta pesquisa procurou detectar e analisar as dificuldades encontradas por alunos da 8ª série (atualmente 9º ano) do Ensino Fundamental na compreensão do conceito de fração, além de propor atividades capazes de ajudar a sanar tais dificuldades. Ao chegar neste nível de escolaridade, o aluno deveria ter se apropriado deste conceito, pois o mesmo é trabalhado nas três séries anteriores, de acordo com a Proposta Curricular do Estado de São Paulo (SÃO PAULO, 2008), porém isso não tem acontecido.

A abordagem metodológica utilizada foi a do estudo de caso, uma das modalidades de pesquisa qualitativa. Ponte (2010) explica que no Brasil, em Portugal e em muitos outros países, os estudos de caso constituem um tipo muito comum de investigação em Educação Matemática, sendo usados em projetos de grande e pequena dimensão.

Segundo o autor, o estudo de caso consiste geralmente no estudo aprofundado de uma unidade individual, tal como: uma pessoa, um grupo de pessoas, uma instituição, um curso, uma disciplina, um sistema educativo, uma política ou qualquer outra unidade social.

O estudo de caso é um gênero investigativo com grandes potencialidades, mas, como os outros, também possui problemas próprios. Optamos por realizar o estudo de caso com um grupo de alunos da 8ª série (9º ano) do Ensino Fundamental, para os quais pudemos:

- Propor atividades sobre frações para uma turma da 8ª série (9º ano) do Ensino Fundamental formada por aproximadamente 40 alunos e coletar as respostas dos mesmos.
- Observar as respostas dos alunos. Fazer análise destas respostas em relação aos registros de representações semióticas, com base nos estudos de Raymond Duval.

MÚLTIPLOS REGISTROS DE REPRESENTAÇÃO SEMIÓTICA

Há muitos alunos que identificam e realizam operações com frações sem realmente compreender que se trata de uma forma de representar esse objeto matemático entre as várias formas possíveis. Isso ocorre porque muitos alunos têm estudado e aprendido matemática apenas formalmente, sem atribuir significado no que estão realizando.

Duval (2003) comenta que tem se preocupado com uma maior formação matemática inicial para os alunos, a fim de prepará-los melhor para enfrentar um ambiente informático e tecnológico cada vez mais complexo. Para este autor, a utilização das várias representações de um mesmo objeto matemático deveria fazer parte dos recursos didáticos a serem trabalhados pelos educadores, e, assim, o aluno seria capaz de articular essas representações e, consequentemente, obter uma aprendizagem matemática mais significativa.

Segundo Duval (2003, p. 13), "ao se observar a história do desenvolvimento da matemática, percebe-se que as representações semióticas foram uma condição essencial para a evolução do pensamento matemático". A importância das representações semióticas tem duas razões fundamentais: as possibilidades de tratamento matemático e o fato de que os objetos matemáticos, começando pelos números, somente são acessíveis pela utilização de um sistema de representação que os permite designar.

Existem quatro tipos diferentes de registros de representação mobilizáveis no funcionamento matemático: registros multifuncionais (o seu processo interno de transformação não utiliza algoritmos) e monofuncionais (algoritmizáveis) na representação discursiva e não discursiva (DUVAL, 2003).

A possibilidade de se representar um determinado objeto matemático por meio de pelo menos dois destes registros de representação torna mais viável a compreensão em matemática, ou mesmo a capacidade de trocar a todo instante de registro de representação.

Há duas formas diferentes de transformação de registros de representação semiótica:

> Os tratamentos são transformações de representação dentro de um mesmo registro: por exemplo, efetuar um cálculo ficando estritamente no mesmo sistema de escrita ou de representação dos números; resolver uma equação ou um sistema de equações; completar uma figura segundo critérios de conexidade e de simetria.
> As conversões são transformações de representações que consistem em mudar de registro conservando os mesmos objetos denotados: por exemplo, passar da escrita algébrica de uma equação à sua representação gráfica (DUVAL, 2003, p. 16).

Muitos professores, ao analisar as resoluções de seus alunos, não têm o cuidado de distinguir essas transformações semióticas. Segundo Maranhão & Igliori (2003, p. 58), o objeto matemático número racional no Ensino Fundamental contempla três formas de registro: "simbólico-numérico (fracionário e decimal) ou algébrico; no figural (representação de partes de grandezas discretas ou contínuas); e, evidentemente, no registro da linguagem natural".

Em matemática, há uma grande variedade de registros de representações semióticas, sendo algumas delas desenvolvidas para efetuar tratamentos bem específicos. Outro motivo que se pode apontar para justificar a grande variedade desta natureza de registros é que as representações semióticas desempenham um papel decisivo na aprendizagem.

Mas ao analisar se para um determinado conceito em matemática existe uma boa representação que leve de forma suficiente à compreensão, Moretti (2002) responde que "não", tendo como base a teoria de Duval. A justificativa desse "não" é que, para Duval (*apud* MORETTI, 2002), o trânsito entre as mais diversas representações possíveis de um mesmo objeto matemático em questão é que assume importância fundamental. O custo cognitivo desse trânsito vai depender em muito da noção, chamada por ele de congruência semântica.

Para Duval (*apud* MORETTI, 2002), em vez de nos preocuparmos em descobrir o que poderia ser uma "boa representação" de um objeto, é preferível buscar a compreensão do que representa a congruência semântica e o trânsito entre as representações na aprendizagem de matemática.

Os registros 2; 5 - 3; $\frac{8}{4}$ e $\sqrt{4}$ representam a mesma quantidade, o mesmo objeto matemático e a mesma referência. Contudo, os múltiplos registros não possuem o mesmo significado operatório. Um aluno pode até reconhecer que 2 = 5 - 3, porém pode não ver relação de semelhança com as representações $\frac{8}{4}$ ou $\sqrt{4}$.

Segundo Duval (*apud* MORETTI, 2002), a distinção entre sentido e referência está intimamente ligada ao princípio da substituição. A partir de duas expressões, tendo a mesma referência, pode-se trabalhar com a troca de uma pela outra sem que se mude o valor da expressão. A expressão $1 + \frac{1}{5}$ pode ser efetuada como $\frac{5}{5} + \frac{1}{5}$ ou, ainda, de outra forma, porém preservando a referência $1 + \frac{1}{5} = 1 + 0{,}2 = 1{,}2$. Na primeira solução se manteve o que Moretti (2002) denomina de mesma rede de representação semiótica, por estar trabalhando com operações entre frações. Na segunda solução houve uma mudança de sistema de representação, ou seja, a conversão do registro fracionário para o decimal.

As transformações de 1 em $\frac{5}{5}$ e de $\frac{1}{5}$ em 0,2 não possuem a mesma natureza cognitiva. Para certo tipo de transformação, o custo cognitivo pode ser maior ou menor, dependendo em muito do que Duval (2003) chama de congruência semântica entre as duas expressões ou objetos matemáticos, com a mesma referência, a serem transformados.

De acordo com Moretti (2002, p. 360), a noção de congruência "permitiu um novo olhar sobre a questão da linguagem em matemática. Problemas aparentemente semelhantes podem ter níveis de acerto tão distantes um do outro que sem uma análise que leve em conta esta noção torna-se difícil compreender as razões deste distanciamento".

O ESTUDO DE FRAÇÕES NO ENSINO FUNDAMENTAL II

Na nova Proposta Curricular do Estado de São Paulo (SÃO PAULO, 2008), os conteúdos matemáticos envolvendo o estudo de frações estão distribuídos como mostra a tabela a seguir:

Tabela 1 Distribuição curricular.

5ª série	6ª série	7ª série	8ª série
Frações Representação. Comparação e ordenação. Operações.	**Números racionais** Representação fracionaria e decimal. Operações com decimais e frações (complementos).	**Números racionais** Transformação de decimal finito em fração. Dízima periódica e fração geratriz.	**Números reais** Conjuntos numéricos. Números irracionais. Potenciação e radiciação em R. Notação científica.

Como pode ser observado, o estudo de frações não está diretamente proposto na 8ª série (9º ano) do Ensino Fundamental; no entanto, o aluno já deve perceber que as frações fazem parte do conjunto dos racionais.

A forma como tem sido ensinado o conteúdo frações ao longo dos anos é uma das causas da grande dificuldade que os alunos têm em compreender realmente este objeto matemático de estudo. É muito comum ver alunos que sabem até resolver algumas operações com frações, principalmente de multiplicação ou divisão, mas o fazem de forma mecânica, sem realmente compreender o que significa ou a utilidade de se resolver essas operações.

A análise do desenvolvimento cognitivo e as dificuldades encontradas na aprendizagem confrontam-se com três fenômenos interligados, os quais serão referenciados à aprendizagem dos números racionais (MARANHÃO & IGLIORI, 2003). Em primeiro lugar, o número racional, quando introduzido no Ensino Fundamental, utiliza-se de três tipos de registro: simbólico – numérico (fracionário e decimal) ou algébrico; figural (figuras de partes de grandezas discretas ou contínuas); e o registro na língua natural.

Em segundo lugar, a diferenciação entre o objeto representado e seus registros de representação semiótica. Catto (2000 *apud* MARANHÃO & IGLIORI, 2003, p. 59) expôs que na "atividade que consistia em colocar os sinais de = ou ≠ entre $(0,5)^2$ e $\left(\dfrac{1}{2}\right)^2$, uma aluna do ensino médio apresentou como resposta: $(0,5)^2 = 0,25 \neq \dfrac{1}{4} = 0,25$".

O terceiro fenômeno diz respeito à coordenação entre diferentes registros de representação semiótica. Esse fenômeno está relacionado às transformações que Duval (2003) aponta em sua teoria, que são os *tratamentos* e as *conversões*. Uma atividade que exija que o aluno faça a equivalência entre $\left(\dfrac{1}{3}\right)$ e $\dfrac{3}{9}$, por exemplo, é considerada um tratamento, e é mais fácil de ser manipulada. Já uma atividade que exija que o aluno transforme 0,25 em ¼ requer uma conversão, o que se torna mais difícil ao aluno.

Para Maranhão & Igliori (2003, p. 60), "é importante destacar que o conhecimento das regras de correspondência entre os dois registros pode não ser suficiente para mobilizá-los e utilizá-los simultaneamente", pois um aluno pode saber dividir 1 por 4 para obter a representação decimal ¼ = 0,25, mas pode não ser capaz de reconhecer 0,25 como outro representante do mesmo número racional.

O que deve ser relevante no estudo do objeto matemático fração, como em todo estudo da matemática, é evitar a memorização mecânica, que não leva o aluno a uma compreensão realmente completa sobre qualquer objeto matemático. No caso do ensino sobre frações, ele pode ser feito primeiramente com a utilização de material concreto, desafios e situações – problemas que tenham a ver com o cotidiano do educando. Porém, é válido ressaltar que o estudo sobre frações é muito complexo.

OS RESULTADOS DA PESQUISA

Baseado na teoria das representações semióticas, foram elaboradas e aplicadas três atividades para 33 alunos de uma escola estadual de Sorocaba, das quais escolhemos uma para relatar neste Apontamento.

Esta atividade, retirada do Caderno do Professor (volume 1 – 6º ano), utiliza as peças do Tangram como material de apoio na exploração do conceito de fração, conforme enunciados descritos a seguir:

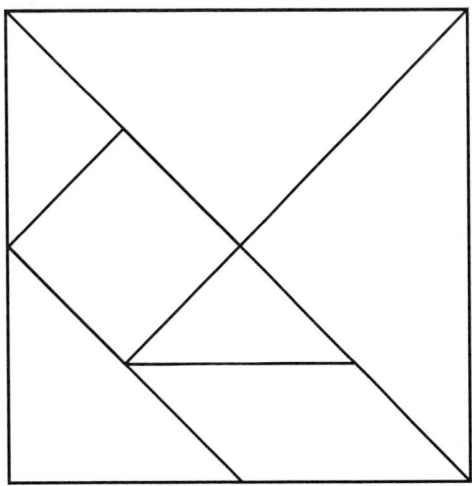

- Quantos triângulos pequenos são necessários para formar um quadrado pequeno?
- Um triângulo pequeno corresponde a que fração do quadrado pequeno?
- Um triângulo pequeno corresponde a que fração do triângulo grande?
- O quadrado pequeno corresponde a que fração do triângulo grande?
- O paralelogramo corresponde a que fração do quadrado grande?
- Um triângulo pequeno corresponde a que fração do quadrado grande?
- Um triângulo pequeno e um triângulo médio correspondem a que fração do triângulo grande?
- O paralelogramo e um triângulo pequeno correspondem a que fração do quadrado grande?

Apresentamos a seguir, na Tabela 2, um quadro quantitativo referente a esta atividade explicitando o número de respostas corretas e o número de respostas erradas apresentadas nos protocolos de registros recolhidos na data da aplicação.

Tabela 2 Frações no Tangram.

	Resposta correta	Total de acertos	Total de erros	Não respondeu
Item 1	2	15	18	0
Item 2	½	9	24	0
Item 3	¼	2	31	0
Item 4	½	32	1	0
Item 5	2/16	0	33	0
Item 6	1/16	1	32	0
Item 7	¾	4	28	1
Item 8	3/16	0	31	2

Percebemos que a maioria dos alunos apresentou resposta errada em todas as questões. Destacaremos dois pontos que contribuíram para que ocorresse esse grande número de erros.

O primeiro ponto seria a forma como é encaminhado o estudo de fração parte-todo no currículo escolar, sempre com figuras divididas em partes iguais. O segundo ponto seria a ausência de um encaminhamento da Proposta Curricular do Estado de São Paulo (SÃO PAULO, 2008), com relação à comparação das áreas das figuras do Tangram, para que os alunos percebessem que todas as figuras podem ser divididas em triângulos pequenos.

Houve muitas respostas como se eles não tivessem ao seu alcance algum mecanismo que os ajudasse a responder e quisessem preencher com qualquer resposta. Era necessário perceber que as peças do Tangram poderiam ser divididas em triângulos pequenos, totalizando 16 destes. Tomando o triângulo pequeno como unidade de medida, os alunos poderiam ter estabelecido um padrão de comparação para todas as questões, mas um erro conceitual grave pode tê-los impedido de desenvolver esta percepção.

Os alunos estavam acostumados a visualizar fração na representação figural como um desenho com partes iguais, em que cada parte representa uma fração do todo. Esta é a forma como os professores geralmente trabalham esse conteúdo, e também é a forma como os livros didáticos apresentam a representação figural das frações: sempre com figuras divididas em partes iguais. Em nenhum dos livros didáticos do Ensino Fundamental, aos quais tivemos acesso, observamos frações representadas com figuras divididas em tamanhos e formas diferentes. A falta de domínio da ideia de que se pode estabelecer a relação entre parte e todo sem que as partes sejam todas iguais tornou-se empecilho para o bom desempenho dos alunos.

Nas questões, é perceptível a falta do conceito de equivalência. Conceito este que não foi encaminhado na Proposta Curricular do Estado de São Paulo. No Caderno do Professor do qual foi retirada esta atividade, acreditamos que esta questão deveria acrescentar uma exploração sobre a relação de equivalência entre as áreas das figuras antes da resolução da mesma. Com a relação de equivalência, o aluno seria capaz de refletir que o paralelogramo e o quadrado, por exemplo, possuem a mesma área, ambos correspondem a dois triângulos, o que acrescentaria algo mais ao conhecimento do aluno.

CONSIDERAÇÕES FINAIS

O objetivo desta atividade era mostrar a representação das frações na forma figural, e esperávamos que os alunos percebessem, ao final dela, a noção de fração como parte de um todo, ou seja, parte de um inteiro, mas foi justamente nessa primeira atividade que eles mostraram maiores índices de erro em suas respostas. Os alunos não conseguiram perceber a relação de equivalência existente entre as áreas das figuras que formam um Tangram.

Porém, durante a correção coletiva, os alunos compreenderam esta relação de equivalência e, a partir da questão 3, rapidamente davam respostas corretas, e expressavam que agora estavam entendendo. Uns manifestaram que se tivessem a oportunidade de responder novamente as questões talvez não obtivessem nenhum erro.

As outras atividades, trabalhadas após a correção e discussão desta atividade que relatamos, mostraram o avanço dos alunos em relação ao conceito de fração. As questões que apresentam congruência entre as várias formas de registros do objeto matemático em estudo (frações) foram as que mostraram maior índice de acertos, porém aquelas em que havia registros de representação em que esta congruência era problemática foram as que mantiveram índices mais altos de erro. Apenas para ilustrar uma dessas dificuldades, comentamos a seguir um exemplo.

Numa atividade que consistia na comparação de números racionais, escritos em diversas representações semióticas, apenas dois alunos (7,69%) foram os que chegaram mais próximos da resposta correta ao afirmarem que os 5 números representados eram iguais. O erro dos alunos consistiu em afirmar que **1/5** = 1,5 = 1,50 = 1 ½. Esses alunos não dividiram 1 por 5, pois acharam que pela semelhança de notação resultaria em 1,5, o que é um erro bem comum, causado, neste caso, pela congruência semântica entre dois valores diferentes.

É justamente nessa congruência semântica que está a dificuldade dos alunos, pois ela é muito pequena quando o assunto é o estudo das frações. Não é fácil para eles perceber que apesar de utilizar os mesmos símbolos, 1/5 é diferente de 1,5. Isso dificulta a apreensão das transformações necessárias.

A maioria dos estudantes não conseguia entender fração como parte-todo, ou seja, parte de um inteiro, e isso é menos acessível se a representação figural de uma fração é como a do Tangram, dividida em figuras com tamanhos e formas diferentes.

Duval afirma em sua teoria que a importância de se utilizar múltiplos registros de representação semiótica, no contexto escolar, certamente torna um conceito matemático mais compreensível. O reconhecimento das múltiplas representações de um número racional com certeza tornaria o aluno capaz de perceber que um número racional pode ser transformado em uma fração, esta em número misto ou mesmo em outra fração, sendo o primeiro passo para que ele seja capaz de realizar não só as transformações de tratamentos, como também as de conversões, em ambos os sentidos de transição, de acordo com a teoria de Duval.

A proposta curricular sugere que no 1º bimestre da 5ª série sejam trabalhadas representações de fração, além de comparações, ordenação e operações, porém nenhuma das situações de aprendizagem propostas no caderno do professor desta série explora a representação da fração sem que o todo esteja dividido visualmente em partes iguais. Ao explorar o ensino da geometria no 3º bimestre da 5ª série, o caderno do professor explora o uso do geoplano, mas descarta a oportunidade de associação entre formas geométricas e frações. O trabalho com as figuras do Tangram, associando os polígonos e o conceito de fração, poderia ser uma forma de enriquecer o trabalho do 1º bimestre, mostrando aos alunos a associação entre os dois conteúdos.

Durante a pesquisa, esta atividade mostrou seu potencial, permitindo aos alunos da 8ª série a ressignificação do conceito de fração de uma forma que nunca havia sido trabalhada. No 1º bimestre da 6ª série, o conteúdo é retomado novamente com a proposta de enfoque nas representações. Percebe-se, ainda, a exploração da fração como resultado da divisão do numerador pelo denominador sem que se explore a relação parte-todo como vimos no Tangram.

Parece-nos que a falta dessa exploração não permitiu aos alunos um salto conceitual que os ajudaria a perceber a fração como uma relação parte todo, independentemente da visualização das partes. Apesar de o trabalho com polígonos nos ser retomado, novamente esta chance é desperdiçada; sendo assim, ao longo de todo o ensino fundamental, o aluno não teria contato com esse tipo de atividade.

A falta desse trabalho poderá comprometer a percepção do aluno para que, na 7ª série, ele consiga calcular áreas por decomposição de figuras. O recurso de utilizar a decomposição e comparação de figuras, como trabalhamos no Tangram, certamente ajudaria a compreender diversas fórmulas para o cálculo de área.

Não queremos fazer à proposta e aos cadernos do professor e aluno uma crítica destrutiva, e sim contribuir para seu enriquecimento, propondo uma atividade que ajudaria a suprir uma falha apontada por nós.

REFERÊNCIAS

BRASIL. Ministério da Educação. *Parâmetros Curriculares Nacionais*: terceiro e quarto ciclos do ensino fundamental – Matemática. Brasília: MEC/SEF, 1998.

DUVAL, R. Registros de representações semióticas e funcionamento cognitivo da compreensão em matemática. In: MACHADO, S. D. A. (Org.). *Aprendizagem em matemática*: registros de representação semiótica. Campinas: Papirus, 2003. p. 11-33.

MARANHÃO, M. C. S. A.; IGLIORI, S. B. C. Registros de Representação e números racionais. In: MACHADO, S. D. A. (Org.). *Aprendizagem em matemática*: registros de representação semiótica. Campinas: Papirus, 2003. p. 57-70.

MORETTI, M. T. O papel dos registros de representação na aprendizagem de matemática. *Contrapontos*, Itajaí, ano 2, n. 6, p. 343-362, 2002.

PONTE, J. P. *Estudos de caso em educação matemática*. Lisboa, 2006. Disponível em: <http://www.educ.fc.ul.pt/docentes/jponte/docs-pt/06-Ponte%20(Estudo%20caso).pdf>. Acesso em: 11 out. 2010.

SÃO PAULO. Secretaria da Educação do Estado. *Proposta Curricular do Estado de São Paulo*: Matemática. São Paulo: SEE, 2008.

_____. Secretaria da Educação do Estado. *Caderno do Aluno, Ensino fundamental – 6º ano*. Volume I – Matemática. São Paulo: SEE/CENP, 2010.

CAPÍTULO 2
SARESP 2009: MÚLTIPLOS OLHARES EM QUESTÕES DO 9º ANO VIA REGISTROS DE REPRESENTAÇÃO SEMIÓTICA

Paulo César Oliveira

Beatriz Krabbe Laghetto

Camila dos Santos Sant Anna

Vitor Augusto Mariano Barbosa

Maria Cristina Tiemi Hamada Cogubum

Alberto Miranda Jorge

INTRODUÇÃO

O texto a seguir é fruto de um esforço coletivo entre o professor (primeiro autor) e seus licenciandos do Curso de Matemática da UFSCar, *campus* Sorocaba, no âmbito da disciplina Instrumentação de Ensino.

Um dos pressupostos que partilhamos nos nossos cursos de Licenciatura, enquanto formadores de professores, é que a construção de competências de leitura e escrita é imprescindível na formação inicial do professor. Paralelamente aos conteúdos desenvolvidos na referida disciplina, assumimos o compromisso de escrever este texto com o objetivo de difundir contribuições teóricas de Raymond Duval (2003, 2009) aplicadas à tríade formada por itens da prova SARESP 2009, conteúdo curricular da proposta vigente do Estado de São Paulo (SÃO PAULO, 2008) e aspectos da pesquisa acadêmica nessa temática.

Dos cinco itens da prova SARESP 2009, quatro deles envolveram conteúdos relativos à Geometria e um com conteúdo do eixo Tratamento da Informação. A diversidade geométrica presente tanto na regularidade de formas existentes no tecer das teias de aranha quanto na arquitetura de cidades produzida pela criatividade humana é naturalmente instigante, o que desperta o pensamento geométrico.

A concepção de pensamento geométrico difundida na disciplina de Instrumentação de Ensino tem por base a obra do educador Gerdes (1992). O contorno circular do Sol e a superfície plana de um lago, entre outros, estiveram sempre presentes e ofereceram, por assim dizer, ao Homem a possibilidade de observar. Em concordância com a concepção de Gerdes (1992), podemos afirmar que a geometria é dinâmica, a partir do momento que os seres humanos gradualmente produziam objetos com forma cada vez mais regulares em função das suas necessidades cotidianas.

A produção de objetos cada vez mais regulares permitiu ao homem compará-los uns aos outros e, consequentemente, a capacidade de reconhecer a forma em si dos corpos permitiu aos homens fabricar produtos de melhor qualidade, que, de novo, contribuiu para a elaboração mais precisa do conceito abstrato de forma. Nessa perspectiva, segundo Gerdes (1992), a relação dialética entre vida ativa e pensamento abstrato é o "motor" do desenvolvimento da geometria.

Sem dúvida, a concepção de Gerdes (1992) reside no fato de que o conhecimento geométrico nasce da necessidade do homem em transformar e adequar seu habitat de acordo com suas pretensões, ou seja, as atividades geométricas são produto dos indivíduos culturalmente situados. Entendemos que as conquistas geométricas provenientes da realização de atividades pertinentes a cada civilização, assim como o exercício da arte imbuída de valores, costumes e crenças permeadas por elementos geométricos, constituem-se o alicerce para despertar o pensamento geométrico.

Quando remetemos o pensamento geométrico na resolução de atividades escolares, concordamos com a Proposta Curricular do Estado de São Paulo (SÃO PAULO, 2008) ao orientar que, em todos os anos do Ensino Fundamental II e Médio, os conteúdos de geometria sejam tratados em forma de espiral. Mais especificamente, ideias fundamentais como proporcionalidade deverão estar presentes em ambos os segmentos escolares e seu tratamento deve ser contínuo e com grau de dificuldade compatível com cada série.

Agora, quando focalizamos a ideia de proporção no contexto do Tratamento da Informação entendemos que, para Fischbein et al. (1971), a habilidade no cálculo de proporção não é garantia de aquisição do conceito de probabilidade. É imprescindível lembrar que o "conceito de probabilidade[1] envolve três quantidades cruciais (duas partes – casos favoráveis e não favoráveis, e o todo – a totalidade dos casos) e as relações entre essas quantidades" (SPINILLO, 1997, p. 182).

Este fato também foi constatado em Oliveira (2003) com a realização de um experimento envolvendo o lançamento de dois dados honestos e com cores distintas. A produção de registros por parte de duas professoras atuantes no Ensino Fundamental I, para cada uma das somas de dois dados em 180 lançamentos, permitiu concluir que a habilidade no cálculo de proporção é uma condição necessária, porém não suficiente para a aquisição do conceito de probabilidade.

1. REGISTROS DE REPRESENTAÇÃO SEMIÓTICA: POTENCIALIDADES NA APRENDIZAGEM

A Semiótica é a ciência dos signos e, como tal, tem por objeto de investigação todas as linguagens possíveis capazes de produção de significados e sentido. Santaella (1983, p. 11) destaca que "não chegamos a tomar consciência de que o nosso estar no mundo, como indivíduos sociais que somos, é mediado por uma rede intrincada e plural de linguagens".

O signo, por sua vez, representa o seu objeto. De acordo com Santaella (1983), por exemplo, um carro (signo) não é a palavra carro. A palavra carro é o que se refere ao meio de transporte que chamamos de carro (objeto). Para que a palavra carro dê a interpretação daquilo que chamamos

---

1 Traduzimos a palavra na língua inglesa *chance* como probabilidade, entendendo-a com uma conotação qualitativa na frase em que está inserida.

de carro, é necessário alguma coisa (mente) capaz de fazer a relação entre o carro e a palavra que o representa (interpretante).

Do contexto geral de semiótica, em que o signo é relacionado a um objeto concreto, para a especificidade matemática, o símbolo (signo) representa o objeto abstrato por meio da ação do sujeito do conhecimento (significante ou conceito).

A palavra abstrato diz respeito ao fato de que o objeto matemático não é perceptível, mas seu acesso se dá por meio de representações semióticas. Este é um marco, entre outros, dos estudos do filósofo e psicólogo de formação Raymond Duval (2003, 2009). Na condição de pensador contemporâneo e investigador da aprendizagem da matemática, ele estuda o funcionamento cognitivo do aluno na realização de atividades matemáticas e seus possíveis problemas de aprendizagem.

Com efeito, outro argumento se constrói, desta vez em relação ao binômio objeto-representação: "não se pode ter compreensão em matemática, se nós não distinguimos um objeto de sua representação" (DUVAL, 2009, p. 14). Há uma ênfase para a necessidade de não confundir os objetos matemáticos com suas representações, pois diversas representações podem estar associadas ao mesmo objeto matemático.

Se considerarmos o objeto matemático número Pi, podemos representá-lo a partir do contexto da geometria como a razão entre o comprimento da circunferência e seu diâmetro. Podemos também vinculá-lo à teoria dos conjuntos e afirmar que o fato de ser um número irracional não significa que o mesmo não pode ser representado na forma escrita como uma fração $\frac{a}{b}$ com a $\in$ Z, b $\in$ Z e b $\neq$ 0.

A teoria dos registros de representação desenvolvida por Raymond Duval estabelece que para um indivíduo desenvolver o funcionamento do seu pensamento na aquisição de um conhecimento matemático é necessário tanto diferenciar uma noção científica dos registros semióticos que a representam quanto conhecer a funcionalidade desses registros. Neste contexto, ocorrem no funcionamento cognitivo do pensamento humano aquisições funcionais relativas tanto aos sistemas orgânicos, disponíveis desde o nascimento, como a audição, a visão, o tato e a memória, quanto aos sistemas semióticos, usados para a comunicação e também para organização e tratamento das informações.

Com isso, numa atividade de aquisição de conhecimento matemático, devem ser levados em conta dois componentes: os próprios conteúdos desse conhecimento, nos quais existem métodos e processos para descobrir e estabelecer resultados, e o cognitivo, em que, segundo Duval (2009), a identificação de uma noção matemática com seus registros de representação semiótica pode se constituir num dos problemas centrais da aprendizagem dessa noção. Um registro de representação semiótica de um objeto matemático pode ser um símbolo, uma figura ou a língua natural. Cada tipo de registro apresenta um conteúdo diferente estabelecido pelo sistema no qual foi produzido. A apreensão das características diferentes só terá sucesso quando o indivíduo que aprende for capaz de efetuar transformações nos registros, seja na forma de tratamento (operações internas a um mesmo registro) e/ou conversões (passagem de um registro a outro, com mudança na forma pela qual determinado registro é representado).

2. SARESP

2.1 Dados gerais

Os sistemas de avaliação externa implantados no Brasil a partir da década de 1990 têm sido uma resposta à necessidade do Estado de controlar a educação e prestar contas sobre os financiamentos das políticas educacionais.

Neste cenário encontra-se o Sistema de Avaliação de Rendimento Escolar do Estado de São Paulo (SARESP), criado em 1996 com a finalidade de obter dados sobre o ensino por meio do rendimento escolar dos alunos do Ensino Fundamental e Médio. A participação neste sistema de avaliação envolve todas as escolas da rede pública estadual; no caso da rede municipal e particular, a participação ocorre por meio de adesão.

A partir de 2008, o SARESP passou a contar com um documento básico intitulado Matriz de Referência para a Avaliação, cuja finalidade mais importante é o seu poder de sinalização das estruturas básicas de conhecimentos a serem construídas por crianças e jovens por meio dos diferentes componentes curriculares em cada etapa da escolaridade básica.

A implantação desta matriz ocorreu pela consolidação da Proposta Curricular para o Estado de São Paulo. A partir daí, o currículo vigente para o Ensino Fundamental II (6º ao 9º ano) e Ensino Médio é regido por cinco princípios capitais: currículo é cultura; currículo referido a competências; currículo que tem como prioridade a competência leitora e escritora; currículo que articula as competências para aprender; currículo contextualizado no mundo do trabalho.

Anualmente, no SARESP, serão avaliadas as disciplinas Língua Portuguesa e Matemática, e anual e alternadamente as áreas Ciências da Natureza (Ciências, Física, Química e Biologia) e Ciências Humanas (História e Geografia).

2.2 Competências e habilidades

As referências da Matriz de Avaliação possibilitam, por um lado, a construção das provas e, por outro lado, mensurar a posição de cada aluno segundo níveis de desempenho. A construção desta avaliação se faz com base no tripé formado por conteúdos, habilidades e competências expressas em níveis de desempenho da escala de proficiência destinada a cada área avaliada, como é o caso da matemática.

Os conteúdos e as competências que podem ser compreendidas como formas de raciocínio e tomadas de decisão correspondem a habilidades descritas na Matriz de Avaliação como padrão de resposta esperada dos alunos ao realizarem a prova.

As habilidades descrevem as estruturas mais gerais da inteligência, ou seja, as competências cognitivas. Estas, por sua vez, expressam o que é necessário para compreender ou resolver um problema, cujo processo de resolução pode ser permeado por diferentes registros de representações matemáticas. Em termos de inteligência, com base na perspectiva piagetiana, não podemos dissociá-la dos níveis de desenvolvimento.

Numa situação de avaliação, em especial a externa, como é o caso do SARESP, é próprio do conceito de competência verificar o quanto as habilidades dos alunos, desenvolvidas ao longo do ano letivo no cotidiano da classe e segundo as diversas situações propostas pelo professor, puderam aplicar-se na situação de exame (SÃO PAULO, 2010).

Nos tempos atuais, de acordo com o relatório pedagógico do SARESP 2009, "desenvolver competências e habilidades matemáticas envolve extrair dos contextos e das circunstâncias particulares o quando e o como usar a matemática e, criticamente, avaliar a sua utilização" (SÃO PAULO, 2010, p. 51). No exame do SARESP 2009, a avaliação foi pautada por três grupos de competências (representativos, procedimentais e operatórios) e suas respectivas funções (observar, realizar e compreender).

No grupo I, os esquemas representativos permitem aos alunos registrarem, por meio de percepções, o que está proposto nos textos, imagens, tabelas ou quadros e interpretar esse registro como compreensão do conteúdo da questão. Já no grupo II, os esquemas procedimentais caracterizavam-se pelas capacidades de o aluno realizar os procedimentos necessários às suas tomadas de decisão em relação às questões. Finalmente, no grupo III, os esquemas operatórios envolvem competências na compreensão de planejamento e escolha de estratégias para resolver problemas ou realizar tarefas pouco prováveis, ou seja, não habituais.

2.3 SARESP 2009

No ano de 2009 ocorreu a décima segunda edição do Sistema de Avaliação de Rendimento Escolar do Estado de São Paulo, envolvendo todos os alunos do 3º, 5º, 7º e 9º anos do Ensino Fundamental, bem como a 3ª série do Ensino Médio. As provas para o Ensino Fundamental foram constituídas de itens de múltipla escolha, cada um com quatro alternativas.

A métrica do desempenho dos alunos nessa avaliação tem sido feita mediante o uso de uma escala de proficiência definida no intervalo fechado de 125 a 425, com variabilidade de um ponto a outro igual a 25.

Em termos qualitativos, criou-se quatro subintervalos de níveis de desempenho, definidos a partir das expectativas de aprendizagem (conteúdos, competências e habilidades): abaixo do básico, básico, adequado e avançado. Alunos com desempenho abaixo do básico não demonstram domínio de aprendizagem compatível ao ano escolar em que se encontram. Um domínio parcial da aprendizagem ocorre se o desempenho qualitativo for básico. Se o aluno atingir o nível adequado, significa que está atendendo às expectativas de aprendizagem propostas ao ano escolar que frequenta. Para superar o domínio de aprendizagem requerido, é necessário que o nível de desempenho seja o avançado.

No relatório pedagógico do SARESP 2009, a média de proficiência obtida pelos alunos do último ano do Ensino Fundamental na Rede Estadual foi de 251,5 pontos. Para o 9º ano, o aluno que não atingiu 225 pontos está no nível abaixo do básico, aquele cuja pontuação varia entre 225 e

300 está no nível básico, a partir de 300 até 350 pontos o desempenho é adequado, e a partir de 350 temos o nível avançado.

Neste contexto, podemos afirmar que temos um quadro representativo de aprendizagem cujo nível de desempenho é básico. De acordo com a leitura das informações do relatório pedagógico, 59,5% do montante de alunos do 9º ano estão no nível básico. Historicamente, a pontuação dos alunos do 9º ano tem manifestado um aumento crescente, porém modesto quando comparamos com o SARESP 2008 (245,7 pontos) e a Prova Brasil 2007 (242,5 pontos).

2.4 Análise de Registros de Representação Semiótica em itens da prova SARESP 2009

A seleção de cinco itens da prova SARESP 2009 para estudantes do 9º ano teve como critério o interesse de cada um dos acadêmicos pelo conteúdo da questão. Na apresentação de cada atividade da prova, associamos o nível a que se referem, a descrição das habilidades, o percentual de respostas em cada alternativa, a resolução esperada, a análise dos registros de representação semiótica e a orientação da Proposta Curricular do Estado de São Paulo quanto à aprendizagem do conteúdo.

2.4.1 Atividade 1

Nível	Adequado	Habilidade	Utilizar a razão *pi* no cálculo do perímetro e da área da circunferência.
O desenho abaixo representa um brinco formado por duas circunferências tangentes.			

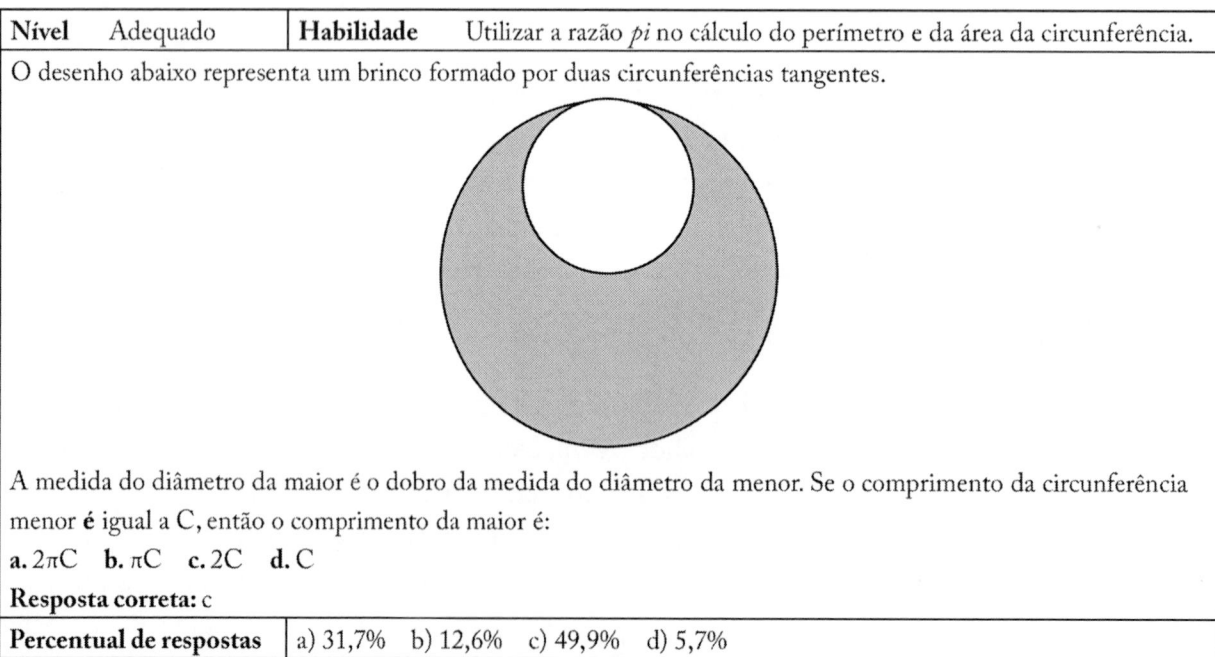

A medida do diâmetro da maior é o dobro da medida do diâmetro da menor. Se o comprimento da circunferência menor **é** igual a C, então o comprimento da maior é: **a.** $2\pi C$ **b.** πC **c.** $2C$ **d.** C			
Resposta correta: c			
Percentual de respostas	a) 31,7% b) 12,6% c) 49,9% d) 5,7%		

Resolução esperada

Seja uma circunferência de raio R e, consequentemente, diâmetro igual ao dobro do raio:

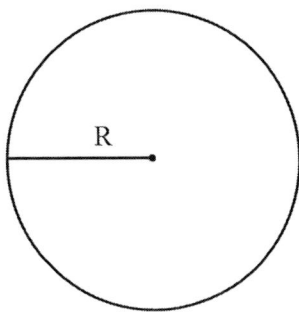

Sabe-se que seu comprimento é dado por:

$$C = 2\pi R \qquad (1)$$

Levando em conta que no texto é dada a informação que o diâmetro da maior circunferência é o dobro do diâmetro da menor, tem-se:

$$\begin{cases} D_{maior} = 2D_{menor} & (a) \\ D_{maior} = 2R_{maior} & (b) \\ D_{menor} = 2R_{menor} & (c) \end{cases}$$

Substituindo (a) em (b), obtém-se:

$$D_{menor} = R_{maior} \qquad (d)$$

Agora (d) em (c):

$$2R_{menor} = R_{maior} \qquad (e)$$

Por meio da fórmula (1), percebe-se que:

$$C_{menor} = 2\pi R_{menor} \qquad (f)$$

Pelas fórmulas (e) e (f), chega-se em:

$$C_{menor} = \pi R_{maior} \quad (g)$$

Como $C_{maior} = 2\pi R_{maior}$, nota-se pela (g) que: $C_{maior} = 2C_{menor}$.

No texto da questão, o comprimento da circunferência menor é denotado por C, logo o comprimento da circunferência maior será dado por $2C$. Portanto, a alternativa correta é a alternativa c.

O enunciado da atividade proposta contempla o registro multifuncional de representação discursiva da linguagem natural na construção do texto, no qual o objeto matemático é formado por duas circunferências tangentes. Na transição do primeiro parágrafo para o segundo, o autor utiliza uma representação não discursiva na forma de um desenho (registro figural) como representante da figura plana (objeto). Na conversão temos uma coordenação (fenômeno de congruência) entre diferentes registros de representação semiótica: o de partida é textual (língua natural) e o registro de chegada é figural (desenho).

Na resolução esperada da atividade é condição necessária, porém pode não ser suficiente, saber a relação entre raio, diâmetro e comprimento da circunferência para ocorrer a conversão do registro da língua natural para a escrita de um sistema de equações (registro simbólico algébrico) numa situação de congruência.

A aplicação do método da substituição no sistema linear com o objetivo de desenvolver equivalência entre equações para concluir que o comprimento da circunferência maior é o dobro da menor envolve o tratamento de registros semióticos.

Se observarmos o conteúdo da resposta correta no sentido de identificá-la com o desenho proposto na atividade há um fenômeno de não congruência pela dificuldade de identificar a relação dos comprimentos de duas circunferências com a posição das mesmas. Isto justifica o comentário da resolução esperada deste item da prova no relatório pedagógico do SARESP 2009: "pode-se supor que o desempenho dos alunos será melhor em situações análogas com valores numéricos de C e r" (SÃO PAULO, 2010, p. 151).

Duval (2009) destaca que a grande dificuldade dos estudantes reside nas conversões não congruentes. Esse é um fator que explica, mas não justifica, o mau desempenho dos alunos em tais atividades porque a dificuldade não é necessariamente a mesma nos dois sentidos de conversão. Para as atividades de não congruência não é necessário apenas dispor dos diversos registros de representação semiótica, mas também focalizar a aprendizagem dos conceitos envolvidos no enunciado das questões.

O conteúdo deste item da prova é coerente com o que é designado em termos de aprendizagem, em especial para o 4º bimestre da 8ª série do Ensino Fundamental na Proposta Curricular do Estado de São Paulo, ou seja, "o número irracional π, associado aos cálculos da circunferência e do círculo, pode e deve ser apresentado nos cursos de geometria elementar" (SÃO PAULO, 2008, p. 46).

Na distribuição de conteúdos na referida proposta, o número π tem destaque no 3º bimestre da 6ª série como exemplo de uma razão constante em geometria, e no 1º bimestre da 8ª série no contexto do eixo números, que "tem por objetivo principal a ampliação da ideia do campo numérico" (SÃO PAULO, 2008, p. 45).

2.4.2 Atividade 2

Nível	Adequado	Habilidade	Resolver problemas que envolvam o cálculo de área de figuras planas.
Uma parede de uma escola, com formato retangular, tem 4 m de comprimento e 3 m de altura. A diretora quer pintá-la utilizando duas cores de tinta acrílica. A cinza será utilizada ao longo de todo o seu comprimento, mas até a altura de 2 m. O restante da parede será pintado com tinta branca. A medida da área, em m², a ser pintada de branco é: a. 3 b. 4 c. 6 d. 8 **Resposta correta:** b			
Percentual de respostas	a) 23,7% b) 35,2% c) 26,4% d) 14,6%		

Resolução esperada

Cálculo da área total da parede:

A_m = comprimento x altura = 4 x 3 = 12 m²

Cálculo da área da parede que irá ser pintada de cinza:

A_c = comprimento x altura = 4 x 2 = 8 m²

Sabendo que a parede tem uma área de 12 m², sendo que 8 m² serão pintados com a tinta acrílica de cor cinza e o restante da parede será pintado com a tinta acrílica de cor branca, então a medida de área a ser pintada de branco (A_B) é 4 m².

A partir da leitura da questão, conforme orientação do relatório pedagógico do SARESP 2009 "os alunos devem traçar um esquema que possa representar os dados do problema (desenho fora de escala)" (SÃO PAULO, 2010, p. 157). Para isto, é necessário que o aluno tenha o conhecimento de figuras geométricas planas, em particular o retângulo, suas relações de comprimento, altura e unidade de medida.

Até este momento, em termos de registros de representação semiótica, há uma conversão de um registro na língua natural para o figural, ambos qualificados de registros multifuncionais (não algoritmizáveis). Se observarmos os dois sentidos da conversão, há um fenômeno de congruência, pois é imediata e direta a transição entre o desenho e o texto escrito e vice-versa.

Na continuidade da resolução, o aluno deverá observar que a parede de formato retangular está subdividida em outros dois retângulos, sendo que um será pintado de cinza e o outro, de branco. Novamente é necessário uma transformação de registros, do figural para um registro monofuncional (algoritmizável), na forma numérica. Em todo o processo mantém-se o fenômeno de congruência, sobre o qual se levanta a hipótese de que o desempenho dos alunos fosse satisfatório. No entanto, a estatística de acertos refuta a hipótese, conforme relatório do SARESP 2009: "um percentual muito pequeno para a simplicidade do problema e a série/ano a que se destina. Cabe a pergunta: o desempenho seria melhor se na questão fosse dada a figura que representa os dados do problema? Não é possível analisar os erros de modo consistente" (SÃO PAULO, 2010, p. 157).

Na Proposta Curricular do Estado de São Paulo (SÃO PAULO, 2008), a orientação para a aprendizagem do conceito de área no Ensino Fundamental, descrito como conteúdo a partir do 3º bimestre da 5ª série, é na forma intradisciplinar (conexões entre eixos), envolvendo os eixos temáticos grandeza e medidas, números e geometria.

Pelo lado da pesquisa acadêmica é comum educadores matemáticos que desenvolvem seu trabalho nessa perspectiva. Podemos citar como exemplo Cardia (2007), que buscou alternativas para solucionar problemas no campo da Álgebra e desenvolver um modelo de ensino adequado, com o objetivo de apresentar uma proposta para introduzir expressões algébricas a partir do conceito de área como grandeza.

O tratamento didático-pedagógico dado ao conceito de área para alunos do 8º ano, de forma a promover conexões com o campo da álgebra, levou em conta oito objetivos:

1. Relacionar o campo numérico com o campo geométrico por meio das medidas representadas com números racionais positivos.
2. Estimular o raciocínio do aluno levando-o a construir os diversos caminhos utilizando vários instrumentos (processos de decomposição e composição de figuras planas, equicomposição de figuras e equivalência entre áreas) para chegar à solução do problema proposto.
3. Propor a utilização dos recursos de composição e decomposição de figuras como estratégia de aprendizagem e elaboração da solução de problema.
4. Fazer perceber que a área pode ser considerada uma relação entre duas grandezas.
5. Compreender área de um polígono como uma grandeza bidimensional, que se conserva por meio de comparação e decomposição em um conjunto de partes.
6. Discutir a relação de proporcionalidade entre a variação da área e uma das dimensões, mantendo-se a outra fixa.
7. Ser capaz de produzir expressões algébricas pela generalização das relações estabelecidas entre os conceitos geométricos envolvidos nos problemas referentes à área e ao perímetro de polígonos.
8. Trabalhar a equivalência entre as expressões algébricas por meio de comparação entre as áreas das figuras e suas expressões.

A multiplicidade de registros de representação, bem como suas transformações na forma de tratamento e conversão dos mesmos, contribuiu significativamente na aprendizagem dos alunos, submetidos à aplicação de uma sequência didática.

2.4.3 Atividade 3

Nível	Avançado	Habilidade	Resolver problemas em diferentes contextos a partir da aplicação das razões trigonométricas dos ângulos agudos.

Karen tem problemas com sono e seu médico recomendou que seu colchão fosse inclinado segundo um ângulo de 30° em relação ao solo.

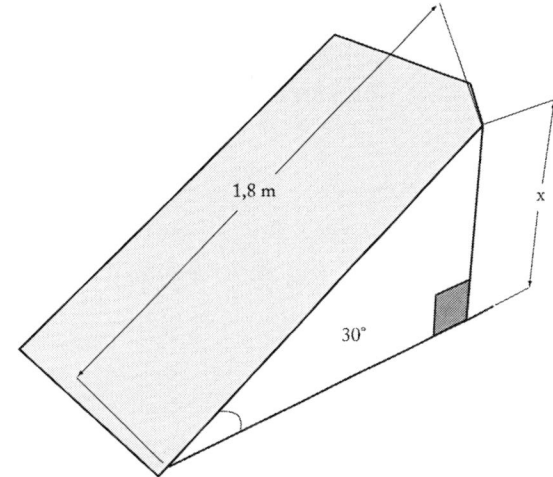

Função	0°	30°	45°	60°	90°
sen	0	$\dfrac{1}{2}$	$\dfrac{\sqrt{2}}{2}$	$\dfrac{\sqrt{3}}{2}$	1
cos	1	$\dfrac{\sqrt{3}}{2}$	$\dfrac{\sqrt{2}}{2}$	$\dfrac{1}{2}$	0

Sabendo que o colchão tem 1,80 m de comprimento e terá uma parte apoiada no chão, conforme ilustra a figura, a medida x, que representa a altura do apoio do colchão na parede, é:

a. 0,50 m **b.** 0,80 m **c.** 0,90 m **d.** 1,00 m

Resposta correta: c

Percentual de respostas	a) 24,7% b) 28,5% c) 30,7% d) 16%

Resolução esperada

Considerando a razão trigonométrica de seno, temos:

$$\text{seno } 30° = \frac{x}{1,8 \text{ m}}$$

Sabendo que seno 30° = 0,5, determina-se a resposta x = 0,9 metro.

Nesta atividade, seu enunciado é formado pela utilização do registro multifuncional discursivo de língua natural (escrita do texto) e o registro figural, com o objetivo de proporcionar, por meio da visualização, a disposição das informações dadas.

Para a resolução desta atividade, o aluno pode apenas focalizar as informações do registro figural e aplicar a conversão para um registro monofuncional discursivo algébrico, algoritmizável na relação seno. Neste processo, mantém-se uma congruência operatória entre o desenho e a aplicação da razão seno de um ângulo.

O percentual de acerto é considerado pequeno e, de acordo com o relatório do SARESP 2009, "a questão tem nível baixo de dificuldade (...) e todos os elementos estão dados no enunciado, que também auxilia o aluno com a representação gráfica do problema" (SÃO PAULO, 2010, p. 165). No entanto, para uma parcela relevante dos alunos, não foi possível a mobilização dos registros necessários.

Se focarmos na distribuição de conteúdos curriculares da Proposta de São Paulo (SÃO PAULO, 2008), observaremos que razões trigonométricas é um conteúdo do 3º bimestre da 8ª série do Ensino Fundamental II. A sua proposta de aprendizagem está submetida à ideia de proporcionalidade, considerada como "fundamental no tratamento de todos os conteúdos disciplinares" (SÃO PAULO, 2008, p. 51).

Pelo tempo destinado para discussões sobre trigonometria, o teor conceitual a ser produzido é de natureza introdutória. Mesmo cientes de que o avanço do estudo acontecerá ao longo do Ensino Médio, consideramos insuficiente a condução desta aprendizagem via proporcionalidade, pois a trigonometria, neste caso, limita-se à aplicação da relação lados e medidas de ângulos em triângulos retângulos.

Concordamos com Duval (2003, p. 30), "que uma das características importantes da atividade matemática é a diversidade dos registros de representação semiótica que ela mobiliza obrigatoriamente" e que raramente é levada em conta no ensino.

Neste sentido, contrapomos às diretrizes curriculares vigentes resgatando, por exemplo, a dissertação de Silva (2005), que não partiu de definições, mas trabalhou com a aplicação de uma sequência de ensino enfatizando as construções e transformações geométricas articuladas ao tratamento figural, para o aluno do 1º ano do Ensino Médio, dos conceitos da trigonometria no triângulo retângulo.

A construção por meio de régua e compasso ou com auxílio de softwares e a obtenção de relações matemáticas envolvidas nas figuras e que podem ser medidas ou calculadas possibilitam a integração entre geometria e álgebra, produzindo significado para o aluno no tema em questão.

Com relação ao tratamento do registro, este autor optou pelo "tratamento figural mereológico que consiste recombinar a figura ou completá-la, o tratamento figural ótico, que é de ampliação ou redução da figura, e o tratamento posicional da figura, que é o de refletir, rotacionar ou fazer a translação da figura" (SILVA, 2005, p. 61). Apoiamos o autor na afirmação de que a manipulação e observação de figuras geométricas podem contribuir para que o aluno produza e apreenda as propriedades dos objetos representados.

2.4.4 Atividade 4

Nível	Adequado	Habilidade	Aplicar o Teorema de Tales como uma forma de ocorrência da ideia de proporcionalidade em diferentes contextos.
Kátia encontrou um termômetro com marcação numa escala desconhecida. Havia apenas dois números com marcação legível. Para encontrar a temperatura marcada naquele momento, Kátia achou uma boa ideia fazer medições com sua régua, em cm, conforme a figura a seguir: 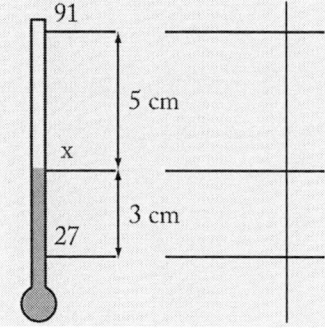 Qual o valor que Kátia encontrou para a temperatura x? **a.** 31 **b.** 41 **c.** 51 **d.** 61 **Resposta correta:** c			
Percentual de respostas	a) 31% b) 35,1% c) 22,9% d) 10,9%		

Resolução esperada

Como as marcações do termômetro representam duas retas paralelas, os seguimentos formados são proporcionais, dessa forma:

$$\frac{x-27}{3} = \frac{91-27}{5+3}$$

$8 \cdot (x - 27) = 3 \cdot (91 - 27)$

$8x - 216 = 273 - 81$

$8x = 192 + 216$

$8x = 408$

$x = \dfrac{408}{8}$

$x = 51$

A proposta deste item da prova une o registro na língua natural e o figural. Na resolução, o desenho é o registro de partida para a conversão de registro, no caso, o simbólico algébrico e numérico.

O tratamento na mobilização de representações semióticas ocorre na produção de equações equivalentes para determinar o valor desconhecido (x) da temperatura.

O fenômeno de não congruência ocorre no duplo sentido da conversão. Quando a conversão ocorre no sentido da escrita simbólica (algébrica e numérica) da equação, não se reconhece o conceito de paralelismo e proporcionalidade aplicado ao contexto das marcações no termômetro, devido ao fato de que no cotidiano escolar as atividades habituais desse tema são relacionadas à figura geométrica do triângulo e/ou trapézio.

A análise do rendimento deste item da prova registrada no relatório pedagógico complementa nossas considerações sobre este sentido da não congruência:

> A possível explicação para os baixos percentuais de acerto pode estar na situação, no contexto em que é colocado o problema nesta questão: geralmente trabalha-se em sala de aula com aplicações do Teorema de Tales na determinação de distâncias e comprimentos. Parece que os alunos não identificaram as hipóteses do teorema na figura apresentada (SÃO PAULO, 2010, p. 166).

O sentido inverso da conversão, ou seja, partir do registro simbólico numérico (x = 51 cm) e chegar a identificar e reconhecer a constante de proporcionalidade (k) no registro figural (desenho da escala do termômetro), também é um fenômeno de não congruência, devido à necessidade de calcular a distância entre duas marcações no termômetro e relacioná-la com a respectiva medição na régua, ou seja, $k = \dfrac{51-27}{3} = \dfrac{91-51}{5} = 8$.

É relevante retomar o que denominamos de atividades habituais envolvendo o Teorema de Tales. A prática escolar usual de aplicar o referido teorema em sobreposição de triângulos e trapézios também pode ser verificada em resultados de pesquisa como, por exemplo, na dissertação de Haruna (2000). Em seu estudo sobre os registros de representação semiótica do Teorema de Tales constatou-se que, subjacente às variedades de seu enunciado, estão os conceitos de paralelismo e proporcionalidade sob a coordenação de registros figurais (configurações), discursivos (enunciados), simbólicos (montagem da proporção) e numéricos (expressar grandezas).

Especificamente em relação aos registros figurais do teorema, Haruna (2000) destaca, por um lado, que as configurações envolvendo retas paralelas e transversais dependem da quantidade de retas desenhadas, da posição das mesmas e da localização do ponto de intersecção entre as retas transversais, que pode estar acima, entre ou abaixo das paralelas. Por outro lado, a configuração obtida quando as retas paralelas estão limitadas pelas transversais são figuras bidimensionais (triângulos, trapézios) sobrepostas ou uma formação com elementos de dimensão 1 (paralelas e transversais).

Se direcionarmos o olhar para o documento curricular vigente, a geometria, para o Ensino Fundamental II, deve se ocupar inicialmente em reconhecer, representar e classificar as formas planas e espaciais, trabalhando em contextos concretos com as crianças de 5ª e 6ª séries, enfatizando a articulação do raciocínio lógico-dedutivo nas 7ª e 8ª séries. Recomenda-se também na Proposta Curricular do Estado de São Paulo (SÃO PAULO, 2008) que a geometria deve ser tratada ao longo de todos os anos em abordagem espiralada, ou seja, os grandes temas podem aparecer tanto nas séries do Ensino

Fundamental quanto nas do Ensino Médio. A diferença será o tratamento dado ao tema, levando em conta o grau de dificuldade apropriado para o processo contínuo de aprendizagem.

Na Proposta Curricular do Estado de São Paulo (SÃO PAULO, 2008), o conceito de Teorema de Tales foi sugerido para ser abordado com os alunos da 7ª série, mais precisamente no 4º bimestre. O estudo dessa propriedade é proposto após o aluno ter compreendido os conceitos de proporcionalidade (variação de grandezas diretamente ou inversamente proporcionais) e razão.

2.4.5 Atividade 5

Nível	Avançado	Habilidade	Resolver problemas que envolvam ideias básicas de probabilidade.
As cartas abaixo serão colocadas numa caixa e uma será retirada ao acaso. 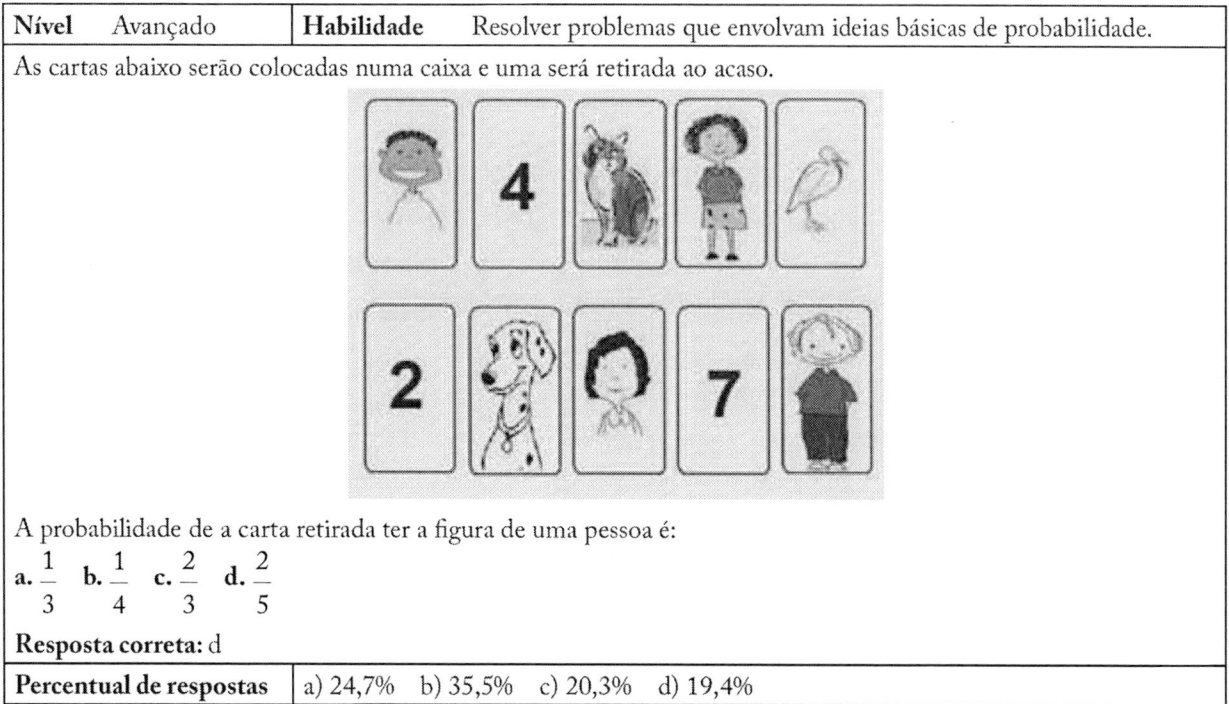 A probabilidade de a carta retirada ter a figura de uma pessoa é: a. $\dfrac{1}{3}$ b. $\dfrac{1}{4}$ c. $\dfrac{2}{3}$ d. $\dfrac{2}{5}$ **Resposta correta:** d			
Percentual de respostas	a) 24,7% b) 35,5% c) 20,3% d) 19,4%		

Resolução esperada

Para o cálculo da probabilidade **P(A)** é necessário identificar e reconhecer o número de elementos pertencentes ao evento **A**, contido no conjunto espaço amostral **S**. Em relação a este item da prova, dado o evento "figura de uma pessoa" composto de 4 elementos, o espaço amostral com 10 elementos, a probabilidade é $P(A) = \dfrac{4}{10} = \dfrac{2}{5}$.

A atividade é enunciada utilizando o registro multifuncional, tanto na sua representação discursiva por meio da língua natural quanto na representação não discursiva figural. No entanto, a resolução exige a mudança de registros (conversão), ou seja, do registro na língua natural e figural para o registro simbólico numérico. A equivalência de frações (tratamento) conduz à fração irredutível $\frac{2}{5}$ (mesmo sistema de registro), resposta correta da questão.

Na conversão dos registros temos o fenômeno de não congruência. Se considerarmos o sentido da conversão no qual o registro de partida é figural (imagem das cartas) e o registro de chegada é simbólico numérico (escrita do cálculo de probabilidade na forma fracionária), observamos que não há uma coordenação na transformação dessas representações.

De acordo com Duval (2009, p. 21), a coordenação dos registros de representação é condição essencial da apreensão conceitual. Nesta atividade, é desejável que o estudante compreenda que a concepção probabilística exigida na resolução é a clássica, cuja representação fracionária envolve a razão entre o número de casos favoráveis (evento) em relação ao número total de casos possíveis (espaço amostral), desde que todos os resultados sejam admitidos como igualmente prováveis de ocorrer (equiprobabilidade).

A ausência da apreensão conceitual é expressiva quando analisamos o percentual de erros neste item da prova, em particular para o caso de 35,5% dos estudantes que consideraram como resultado da probabilidade o valor ¼. Podemos levantar a hipótese de que houve erro na constituição do espaço amostral e o seu respectivo evento, ou seja, a retirada de uma carta com a figura de uma pessoa está na razão de 1 para 4.

Na perspectiva curricular, o eixo tratamento da informação proposto no atual documento de São Paulo contém "justificativas razoáveis para sua exploração ao longo das sete séries escolares" da Educação Básica (SÃO PAULO, 2008, p. 47). Porém, no Ensino Fundamental, a lista de conteúdos contempla problemas envolvendo probabilidade, com foco na proporcionalidade, no 3º bimestre da 6ª série; e o estudo de problemas de contagem e introdução à probabilidade, no decorrer do quarto bimestre da 8ª série. Em função disso, na Proposta Curricular vigente, a orientação é que este campo do conhecimento estenda "para além das fronteiras da organização e análise de dados, como geralmente é abordado no Ensino Fundamental" (SÃO PAULO, 2008, p. 47).

Consideramos que neste documento curricular não há justificativas razoáveis para exploração do conceito de Probabilidade, tanto na perspectiva quantitativa quanto qualitativa. Carvalho & Oliveira (2002), por exemplo, abordaram em seu artigo discussões sobre quatro concepções de probabilidade possíveis de serem exploradas no contexto escolar: clássica, frequentista, subjetiva e formal.

Exceto para a concepção clássica explorada nesse último item da prova, é relevante descrever sobre as demais. A probabilidade frequentista é feita a partir do cálculo das frequências relativas de ocorrências de sucessos provenientes de repetidos experimentos. A principal característica deste enfoque é que o valor matemático da probabilidade emerge do processo de experimentação. Dado o interesse pela ocorrência de um sucesso específico, vamos simbolizá-lo por A, registramos o número de vezes que isto acontece (n_a) e o número total de repetições (n) realizadas em um determinado experimento, sob as mesmas condições.

A razão frequencial ou a frequência relativa de que A ocorra, ou seja, n_a/n, parece tender a um limite à medida que o número total de experimentações tenda ao infinito. Neste enfoque, o valor da probabilidade é dado pela frequência relativa dos sucessos obtidos na realização de um experimento.

Coutinho (1994), em sua dissertação de mestrado, já alertava para a necessidade de preparar o aluno na descrição de algumas experiências aleatórias simples e no cálculo de suas probabilidades. Para introduzir a noção de probabilidade, a base de apoio deve ser o estudo das séries estatísticas, obtidas por um grande número de repetições em uma experiência aleatória, sublinhando as propriedades das frequências e a estabilidade da frequência relativa de um evento, dadas as mesmas condições no processo de realização do experimento.

Há muitos eventos que podem não ser pensados em termos de uma interpretação frequentista. Quando se diz "provavelmente chova à tarde", pode-se interpretar a probabilidade de forma subjetiva como expressão da crença ou percepção pessoal. Trata-se de medir a confiança que um indivíduo expressa sobre a veracidade de um fenômeno, levando em conta sua própria experiência ou conhecimento sobre o tema da situação em estudo. Neste caso, diferentes pessoas podem atribuir diferentes valores de probabilidade para um mesmo sucesso.

A probabilidade formal impregnada da teoria axiomática surgiu em oposição às restrições mantidas na concepção clássica de Laplace: a equiprobabilidade para os casos favoráveis e número finito de elementos na composição do espaço amostral. Apoiado na teoria de conjuntos, se elegermos **E** como o espaço amostral associado a um experimento aleatório, **A** como um subconjunto formado pelos sucessos de **E**, então a função **P** definida sobre **A** é uma medida de probabilidade de **E** se:

a) Todo sucesso $S \in A$ corresponde um número P(S), tal que $0 < P(S) < 1$.
b) A probabilidade do sucesso certo é dado por P(E) = 1.
c) A probabilidade de um sucesso impossível é dado por P(E) = 0.

A diversidade da concepção probabilística não constitui um obstáculo para a elaboração de um tratamento escolar, pois se acredita na necessidade de os docentes recolocarem a indagação "qual a probabilidade de?" por meio de questões mais sofisticadas, além de engajar os estudantes na comparação e avaliação das diferentes formas de probabilidade (CARVALHO & OLIVEIRA, 2002).

CONSIDERAÇÕES FINAIS

Tomando por base a teoria dos registros de representação semiótica, ousamos em convergir os múltiplos olhares para a aprendizagem de matemática via avaliação externa. Para cada objeto matemático contido nos itens da prova do SARESP 2009, enfatizamos que a análise dos saberes matemáticos necessários para a resolução de cada atividade depende do sistema de produção de suas representações semióticas. Mais especificamente, mostramos na análise das atividades que não se pode ter compreensão em matemática se não há distinção entre o objeto e sua representação. Em relação a um mesmo objeto matemático, é importante a atenção na transformação e coordenação de pelo menos dois registros de representação distintos.

REFERÊNCIAS BIBLIOGRÁFICAS

CARDIA, L. S. F. *Integrando a geometria com álgebra na construção de expressões algébricas*. 202 p. Dissertação de Mestrado. Pontifícia Universidade Católica de São Paulo, São Paulo, 2007.

CARVALHO, D. L.; OLIVEIRA, P. C. Quatro concepções de probabilidade manifestadas por alunos ingressantes na licenciatura em matemática: clássica, frequentista, subjetiva e formal. In: REUNIÃO ANUAL DA ANPED, 25., 2002, Caxambu. *Anais...* Caxambu, 2002. 12 p.

COUTINHO, C. Q. S. *Introdução ao conceito de probabilidade por uma visão frequentista*. 151 p. Dissertação de Mestrado. Pontifícia Universidade Católica de São Paulo, São Paulo, 1994.

DUVAL, R. Registros de representações semióticas e funcionamento cognitivo da compreensão em matemática. In: MACHADO, S. D. A. (Org.). *Aprendizagem em matemática*: registros de representação semiótica. Campinas: Papirus, 2003. p. 11-33.

_____. *Semiósis e pensamento humano*: registro semiótico e aprendizagens intelectuais. Tradução de Lênio Fernandes Levy e Marisa Rosâni Abreu da Silveira. São Paulo: Editora Livraria da Física, 2009. (fascículo I).

FISCHBEIN, E. et al. Intuitions primaires et intuitions secondaires dans l'initiation aux probabilités. *Educational Studies in Mathematics*, n. 4, p. 264-280, 1971. [Reproduced as Appendix I in Fischbein, 1975].

GERDES, P. *Sobre o despertar do pensamento geométrico*. Curitiba: Editora UFPR, 1992.

HARUNA, N. C. A. *Teorema de Thales*: uma abordagem do ensino-aprendizagem. 294 p. Dissertação de Mestrado. Pontifícia Universidade Católica de São Paulo, São Paulo, 2000.

OLIVEIRA, P. C. *O processo de aprender noções de Probabilidade e suas relações no cotidiano das séries iniciais do Ensino Fundamental*: uma história de parceria. 199 p. Tese de Doutorado – Faculdade de Educação, Universidade Estadual de Campinas, Campinas, 2003.

SANTAELLA, L. *O que é Semiótica*. São Paulo: Brasiliense, 1983.

SÃO PAULO. Secretaria da Educação do Estado. *Proposta Curricular do Estado de São Paulo*: Matemática – Ensino Fundamental II e Ensino Médio. Coord. Maria Inês Fini. São Paulo: SEE, 2008.

_____. Secretaria da Educação do Estado. *Relatório Pedagógico 2009 – SARESP*. São Paulo, 2010.

SILVA, S. A. *Trigonometria no triângulo retângulo*: construindo uma aprendizagem significativa. 198 p. Dissertação de Mestrado. Pontifícia Universidade Católica de São Paulo, São Paulo, 2005.

SPINILLO, A. G. Chance estimates by young children: strategies used in an ordering chance task. In: INTERNATIONAL CONFERENCE FOR THE PSYCHOLOGY OF MATHEMATICS EDUCATION, 21., Lahti, Finland, 1997. *Proceedings...* Lahti, Finland, 1997. v. 4, p. 182-189.

CAPÍTULO 3
GRÁFICO DE SETORES NO CADERNO DO ALUNO: ANÁLISE DOS REGISTROS DE REPRESENTAÇÃO SEMIÓTICA PRODUZIDOS POR ESTUDANTES DO 7º ANO DO ENSINO FUNDAMENTAL

Vitor Augusto Mariano Barbosa
Paulo César Oliveira

INTRODUÇÃO

O Tratamento da Informação é um eixo temático que passou a integrar os documentos curriculares oficiais a partir dos Parâmetros Curriculares Nacionais (BRASIL, 1998) devido à demanda social de tratar as informações que recebemos cotidianamente, em função do acesso e difusão de informações no mundo globalizado.

A educação do Estado de São Paulo passou a contar a partir de 2008 com um novo documento curricular cuja organização dos conteúdos constitui o meio para a formação dos alunos como pessoas e cidadãos. O desenvolvimento das competências que caracterizam o modo de ser, raciocinar, interagir, relacionadas à capacidade de argumentação e decisão, é o espaço privilegiado para contemplar o eixo Tratamento da Informação.

Como parte integrante desta Proposta Curricular, diferente daquela da década de 1980, temos os Cadernos do Professor cuja finalidade é oferecer subsídios à prática da docência. Neste relato de pesquisa, o foco de investigação é a análise do conteúdo gráfico de setores no Caderno do Professor da 6ª série – 3º bimestre.

A construção do problema de pesquisa levou em conta uma situação de aprendizagem envolvendo estudantes do 7º ano do Ensino Fundamental II. Este estudo de caso tem suas peculiaridades geradas a partir da iniciativa do primeiro autor, que tem desenvolvido atividades no âmbito da escola pública junto ao Programa Institucional de Bolsa de Iniciação à Docência (PIBID) na UFSCar – *campus* Sorocaba.

O interesse deste licenciando pela pesquisa em Registros de Representação Semiótica, a partir de estudos iniciais realizados no âmbito da disciplina Instrumentação de Ensino, articulada às suas atividades no PIBID, foi determinante para a parceria com o segundo autor, docente responsável pela respectiva disciplina.

A participação de uma professora responsável por duas turmas de 7º ano de uma escola pública e coformadora no programa PIBID foi relevante para a produção de informações dos alunos do 7º ano sobre o tema gráfico estatístico. A partir da aplicação de duas atividades contidas no Caderno do Professor e do Aluno da rede pública do Estado de São Paulo, analisamos o desempenho dos estudantes e suas implicações na aprendizagem matemática sob a óptica da teoria desenvolvida por Raymond Duval (2003, 2009).

A ESTATÍSTICA NO ENSINO FUNDAMENTAL II

A Proposta Curricular do Estado de São Paulo direcionada para o atual Ensino Fundamental, cuja primeira edição ocorreu em 1986, foi estruturada com uma distribuição de conteúdos em três grandes temas: Números, Geometria e Medidas. Sempre que possível, os assuntos deveriam ser tratados de forma simultânea sem delimitações rígidas, como, por exemplo, "o desenvolvimento da ideia de proporcionalidade (...), é uma meta que envolve NÚMEROS (razões, proporções) e GEOMETRIA (semelhança de figuras)" (SÃO PAULO, 1991, p. 19).

Alguns conteúdos pertinentes ao ensino de Estatística aparecem implícitos nos objetivos específicos expressos no bloco Números das 5ª e 7ª séries do 1º grau (6º e 8º anos). Na 5ª série, esperava-se que o aluno representasse "a porcentagem em diagramas de setores circulares" e fizesse "comparações de números através da interpretação de gráficos" (SÃO PAULO, 1991, p. 73). Na 7ª série, a meta para o aluno era representar graficamente e analisar o comportamento da variação de duas grandezas direta ou inversamente proporcionais.

Na 6ª série (atual 7º ano), encontramos na seção Comentários e Observações para o Professor sugestões do uso da média aritmética e de tabelas na determinação do valor aproximado do número π, a partir da razão entre valores de perímetros e os respectivos diâmetros.

Somente na 8ª série (atual 9º ano) encontramos no tema Números os conteúdos "Noções de Estatística: levantamento e tabulação de uma amostra. Construção e interpretação de gráficos: histogramas, gráficos de barras, de setores, de linhas poligonais e de curvas" (SÃO PAULO, 1991, p. 153).

Na referida Proposta, a justificativa para a inclusão deste tópico

> deve-se ao fato de que, nesse momento, o aluno já conhece vários outros conteúdos (frações, porcentagens, circunferências e ângulos, etc.), que, juntamente com o de proporcionalidade, oferecerão os instrumentos básicos necessários para a devida compreensão e exploração desse assunto (SÃO PAULO, 1991, p. 159).

No que diz respeito ao levantamento e à tabulação de dados de uma amostra, a Proposta fornece orientações ao professor no sentido de trabalhar informações reais e atualizadas, integrando conteúdos das disciplinas História, Geografia e Ciências.

A construção e interpretação de gráficos são relevantes, "pois, além de possibilitar a continuidade de estudos dentro da própria Matemática em séries e graus posteriores, constitui, também, um tema de grande aplicação nas demais ciências físicas e sociais e na interpretação de dados da nossa realidade socioeconômica" (SÃO PAULO, 1991, p. 159).

Nessa Proposta Curricular não há o desenvolvimento do conceito de Probabilidade. Em termos de Estatística, os conteúdos desenvolvidos são de natureza descritiva. A abordagem de seus conteúdos é, por um lado, vinculada à construção de pré-requisitos e, por outro lado, aplicações do campo da Matemática.

Doze anos depois da primeira edição dessa Proposta Curricular foram elaborados os Parâmetros Curriculares Nacionais (BRASIL, 1998) para o terceiro e quarto ciclos do Ensino Fundamental (5ª a 8ª série), levando em conta a necessidade de construir referências nacionais comuns ao processo educativo em todas as regiões brasileiras.

Em relação aos temas curriculares, os PCN contemplam

> o estudo dos números e das operações (no campo da Aritmética e da Álgebra), o estudo do espaço e das formas (no campo da Geometria) e o estudo das grandezas e das medidas (que permite interligações entre os campos da Aritmética, da Álgebra, e da Geometria e de outros campos do conhecimento) (BRASIL, 1998, p. 49).

O acesso e a difusão de informações exigem que saibamos tratar as informações que recebemos cotidianamente. Essa demanda social motivou a criação de um novo bloco de estudos denominado Tratamento da Informação, o qual engloba noções de Estatística, Probabilidade, além dos problemas de contagem que envolvem o princípio multiplicativo.

Para o campo da Estatística,

> a finalidade é fazer com que o aluno venha a construir procedimentos para coletar, organizar, comunicar dados, utilizando tabelas, gráficos e representações que aparecem frequentemente em seu dia a dia. Além disso, calcular algumas medidas estatísticas como média, mediana e moda com o objetivo de fornecer novos elementos para interpretar dados estatísticos (BRASIL, 1998, p. 52).

Com relação ao conceito de Probabilidade, a principal finalidade é que o aluno compreenda o mundo do provável, ou seja, que muitos fenômenos são de natureza aleatória. "As noções de acaso e incerteza, que se manifestam intuitivamente, podem ser exploradas na escola, em situações que o aluno realiza experimentos e observa eventos (em espaços equiprováveis)", ou seja, aqueles em que todas as possibilidades têm a mesma chance de ocorrência (BRASIL, 1998, p. 52).

Relativamente aos processos de contagem, "o objetivo é levar o aluno a lidar com situações que envolvam diferentes tipos de agrupamentos que possibilitem o desenvolvimento do raciocínio combinatório e a compreensão do princípio multiplicativo para sua aplicação no cálculo de probabilidades" (BRASIL, 1998, p. 52).

É a primeira vez que este bloco temático foi inserido explicitamente em um documento curricular brasileiro voltado ao Ensino Fundamental. Concordamos com León (1998), que a maioria das pessoas tem uma visão excessivamente determinista do mundo e, em particular, para o docente envolvido com o ensino de matemática, seu maior contato é com temas (aritmética e álgebra, e em menor grau a geometria) que privilegiam a exatidão dos resultados e que refletem o que é considerado primordial para a educação escolar dos estudantes.

A presença do conhecimento estocástico (termo europeu que concebe probabilidade e estatística indissociáveis) no decorrer das aulas de matemática não é uma simples questão de inserção de novos conteúdos, mas a inclusão de uma forma de pensamento diferente do que tradicionalmente defrontamos no cotidiano do contexto escolar. Porém, a escola é a instância capaz de proporcionar uma visão mais equilibrada da realidade, contemplando o ato de pensar sob a perspectiva do provável, do acaso.

Nesta mão dupla temos a presença do professor, que é responsável pelo processo de ensino-aprendizagem e, no entanto, é comum nos depararmos com profissionais cuja formação inicial não contemplou o estudo da estocástica. Oliveira (2003) reconhece a importância de uma educação básica que integre os temas de Estatística e Probabilidade, porém é necessário, também, que sejam criadas condições para que os docentes avaliem as potencialidades pedagógicas de um determinado tema e viabilizem seu tratamento no currículo escolar.

Entendemos que a criação de condições, nesse caso, poderia ser feita pela exploração das diferentes concepções de Probabilidade, por exemplo. Os conteúdos nos Parâmetros Curriculares Nacionais (BRASIL, 1998) envolvem não só conceitos, mas também procedimentos e atitudes. Os conceitos permitem interpretar fatos e dados cuja aprendizagem se desenvolve de forma gradual, em diferentes níveis e supõe o estabelecimento de relações com conceitos anteriores. Em nosso exemplo, o processo de construção do conceito de Probabilidade fica restrito se o foco de interpretação for apenas a perspectiva clássica, ou seja, aquela que considera apenas o caso de eventos equiprováveis.

Os procedimentos estão relacionados com o desenvolvimento de capacidades relacionadas com o saber fazer, o qual implica em construir estratégias coerentes com os conceitos e processos neles envolvidos. Em relação à Probabilidade, Oliveira (2003) defendeu o processo de experimentação como procedimento de ensino-aprendizagem que pode ser aplicado tanto no registro e análise de observações quanto em situações que permitam o confronto e/ou a superação do determinismo a favor da aleatoriedade.

As atitudes, por sua vez, envolvem o componente afetivo, predisposição, interesse e motivação, que são fundamentais no processo de ensino e aprendizagem. Estes componentes, associados à produção de resultados aleatórios, proporcionam a cada indivíduo envolvido em experimentos probabilísticos uma experiência única, pessoal e intransferível, porque cada resultado é irreversível, mesmo sendo um processo que permite inúmeras repetições, mantida as mesmas condições de realização. Larrosa (2002, p. 27) nos fornece contribuições a este respeito quando afirma que "se a experiência não é o que acontece, mas o que nos acontece, duas pessoas, ainda que enfrentem o mesmo acontecimento, não fazem a mesma experiência. O acontecimento é comum, mas a experiência é para cada qual sua, singular (...)".

Em 2008 implantou-se a nova Proposta Curricular do Estado de São Paulo com uma concepção de Matemática "como um sistema simbólico que se articula diretamente com a língua materna, na forma oral e escrita, bem como com outras linguagens e recursos de representação da realidade" (SÃO PAULO, 2008, p. 44).

Como parte integrante desta Proposta Curricular, temos os Cadernos do Professor com

> os conhecimentos disciplinares por série e bimestre, assim como as habilidades e competências a serem promovidas. Trata-se de orientações para a gestão da aprendizagem na sala de aula, para avaliação, e também de sugestões bimestrais de projetos para recuperação das aprendizagens (SÃO PAULO, 2008, p. 6).

Os conteúdos disciplinares deste documento levam em conta os três blocos temáticos tradicionais, acrescidos de um quarto componente, o Tratamento da Informação, cuja denominação origina-se dos Parâmetros Curriculares Nacionais e sua justificativa tem por base os Parâmetros Curriculares Nacionais (BRASIL, 1998).

A organização curricular dos conteúdos, na atual Proposta Curricular do Estado de São Paulo, constitui o meio para a formação dos alunos como pessoas e cidadãos. O desenvolvimento das competências que caracterizam o modo de ser, raciocinar, interagir, relacionadas à capacidade de argumentação e decisão, é o espaço privilegiado para o tratamento da informação.

Nesta Proposta Curricular salienta-se "que o campo do tratamento da informação estende-se para além das fronteiras da organização e análise de dados, como geralmente é abordado no Ensino Fundamental" (SÃO PAULO, 2008, p. 47). No 4º bimestre da 5ª série, os conteúdos previstos são de Estatística Descritiva: leitura e construção de gráficos e tabelas, média aritmética e problemas de contagem. No 3º bimestre da 6ª série utilizou-se a ideia de proporcionalidade para integrar conteúdos com o tratamento da informação: variação de grandezas diretamente ou inversamente proporcionais, conceito de razão, porcentagem, construção de gráficos de setores e problemas envolvendo probabilidade. As situações de aprendizagem, contidas no respectivo Caderno do Professor, envolvendo o gráfico de setores, contemplam o material de campo deste relato de pesquisa.

Na análise das quatro situações de aprendizagem desenvolvidas no Caderno do Professor do 3º bimestre da 6ª série, bem como as competências e habilidades mínimas esperadas dos alunos nessa etapa do aprendizado, não ocorre a construção do conceito de Probabilidade a partir de espaços amostrais discretos, ou seja, aqueles que envolvem variáveis discretas (contagem dos elementos que formam o espaço amostral). No entanto, no Caderno do Professor do 4º bimestre da 8ª série, a equipe de matemática relata que na 6ª série "a probabilidade foi introduzida como uma razão particular em que se comparam o número de casos favoráveis de um determinado evento com o número de casos possíveis" (SÃO PAULO, 2010d, p. 41).

Em relação às situações de aprendizagem, encontramos no Caderno do Professor do 4º bimestre da 8ª série que "a elaboração e interpretação de gráficos de setores envolvem, por um lado, a noção de proporcionalidade e a expressão da razão parte-todo na forma percentual. De outro lado, envolve a capacidade de representar informações por meio de tabelas e gráficos" (SÃO PAULO, 2010d, p. 45). O fato de ter uma representação matemática na forma de uma razão não garante a abordagem da concepção clássica de probabilidade. Para esta relação se concretizar será necessário uma sequência didática que contenha questões com foco na aleatoriedade.

As atividades referentes ao tema Tratamento da Informação no 1º bimestre da 7ª série (Caderno do professor) envolvem o conteúdo linguagem das potências cujo objetivo é a sistematização do processo de contagem, mais especificamente, a "simplificação da escrita numérica, sobretudo quando se trata de números muito grandes ou muito pequenos" (SÃO PAULO, 2010c, p. 30).

No quarto bimestre da 8ª série há a continuidade dos processos de contagem e a introdução à probabilidade. O conteúdo central das situações de aprendizagem no Caderno do Professor são os cálculos métricos envolvendo o círculo e o cilindro. A utilização de objetos geométricos desta natureza é um recurso didático para a ampliação do conceito de probabilidade, passando do campo discreto dos eventos para o campo contínuo (os valores para a variável são medidas).

DEMANDA EDUCACIONAL NA APRENDIZAGEM ESTATÍSTICA

No panorama do ensino de Matemática no Brasil, apresentado nos Parâmetros Curriculares Nacionais, recomenda-se que "para o aluno consolidar e ampliar um conceito, é fundamental que ele o veja em novas extensões, representações ou conexões com outros conceitos" (BRASIL, 1998, p. 22-23).

Na atual Proposta Curricular do Estado de São Paulo (SÃO PAULO, 2008) concebe-se a Matemática como um sistema simbólico articulado às múltiplas formas de representação de um objeto.

O conteúdo leitura, construção de gráficos e tabelas, comum nesses documentos curriculares, não leva em conta, em termos de recursos didáticos, a necessidade de valorizar a transição (ida e vinda) entre diferentes tipos de registros, proporcionando ao aluno a visualização de um mesmo objeto matemático sob diferentes formas.

A partir da apresentação de duas situações de aprendizagem no Caderno do Professor para alunos do 7º ano do ensino Fundamental II, as quais preenchem as lacunas citadas no parágrafo anterior, desejamos buscar respostas para: que fatores interferem na relação de dependência entre a compreensão do objeto matemático e a conversão entre registros para situações de aprendizagem envolvendo representações gráficas?

Para responder esta questão de investigação optamos pela perspectiva teórica de Duval (2003, 2009), por conta de dois fatores. O primeiro é que a atividade matemática se caracteriza pela dependência, mobilidade e multiplicidade das representações semióticas. O segundo aspecto é que o objeto matemático, não sendo acessível pela percepção, só pode sê-lo por suas representações, as quais podem ser distintas para um mesmo objeto.

Em relação ao objeto matemático leitura e construção de gráficos e tabelas, Flores & Moretti (2005) contribuem apresentando três pontos com base na teoria de representações semióticas para a aprendizagem matemática de tabelas e gráficos, a qual exige capacidade de visualização e empenho cognitivo.

O primeiro ponto vincula-se ao contexto cognitivo. Para a ocorrência da aprendizagem matemática precisamos considerar quatro funções cognitivas: comunicação, tratamento, objetivação e identificação. A função de comunicação diz respeito à transmissão de uma mensagem ou de uma informação por meio de um código comum para os indivíduos envolvidos. Podemos citar como exemplo a facilidade de encontrarmos uma variedade de representações gráficas disponíveis em meios impressos, como o jornal. A função de tratamento permite a transformação de uma representação em outra, mantendo o mesmo sistema de representação mobilizado. Não basta que o aluno saiba ler o gráfico, é necessário que seja capaz de interpretar as informações contidas no mesmo. A função de objetivação é aquela que permite a um sujeito tomar consciência daquilo que até então ainda não tinha feito. Por fim, a função de identificação permite encontrar ou reencontrar uma informação entre outras. A importância desta função se dá, por exemplo, por ser imediatamente solicitada quando é preciso ler e analisar um conjunto de informações estatísticas.

O segundo ponto diz respeito às representações gráficas enquanto suporte representacional de dados e informações. É notável ressaltar que as representações gráficas preenchem as quatro funções cognitivas do pensamento.

Em relação às representações gráficas do tipo tabela, Flores & Moretti (2005) consideram, por um lado, que elas possuem vantagens como o fato de que permitem a visualização dos dados de forma separada (disposição em linhas e colunas), preenchendo assim, explicitamente, a função cognitiva de identificação. Quanto à sua organização representacional, a tabela não possibilita a utilização de formas visuais, como retas, curvas, contornos de superfícies. Em termos operacionais, a tabela permite apenas a permutação entre linhas e colunas.

Por outro lado, Flores & Moretti (2005) alertam que outra função cognitiva é requerida no uso de tabelas: o tratamento. É necessário que o processo de ensino-aprendizagem possibilite e privilegie outras tarefas além da leitura de tabelas e, por extensão, a leitura de gráficos. Por exemplo, construir, interpretar e preencher uma tabela, reunir todos os dados ou informações para serem organizados em outro modo de representação, como o gráfico.

Enfim, Flores & Moretti (2005) sistematizam duas implicações educacionais em seu estudo:

- Privilegia-se muito mais a tarefa de leitura e identificação de dados retirados de representações gráficas para fins de comunicação em detrimento de outras atividades, como a própria construção destas representações.
- A conversão entre os registros (transição entre tabela e gráfico e vice-versa) possibilita uma leitura global das representações gráficas. Por globabilidade entende-se a mobilização de pelo menos dois tipos de registros envolvidos nas representações gráficas; por exemplo, partir da interação entre a tabela, o enunciado verbal do problema, a natureza e a forma de escrita dos dados para a construção do gráfico.

PRODUÇÃO E ANÁLISE DAS INFORMAÇÕES

A produção do material empírico foi obtida a partir da aplicação de duas atividades matemáticas envolvendo os conteúdos gráficos de setores e proporcionalidade, extraídas do Caderno do Aluno do 7º ano (3º bimestre) do Ensino Fundamental.

A sequência de atividades foi desenvolvida em uma escola estadual no município de Sorocaba (SP), cujo público estudantil em 2010 era de aproximadamente 1.650 alunos.

O primeiro autor vem se envolvendo com essa comunidade escolar na realização do seu trabalho no Programa Institucional de Bolsa de Iniciação à Docência (PIBID), junto com seu grupo, formado também pelos licenciandos Camila Kupper de Oliveira Barros, José Guilherme Pereira da Rocha Neto, Juan Simas Esteves de Albergaria Lomardo e Marco Aurélio de Campos Caetano, sob orientação dos professores doutores Geraldo Tadeu Souza e Ismail Barra Nova de Melo, programa financiado pela Coordenação de Aperfeiçoamento de Pessoal de Nível Superior (CAPES).

Um dos objetivos prioritários deste Programa é a elevação da qualidade das ações acadêmicas voltadas à formação inicial de professores nos cursos de Licenciatura a partir da familiarização do licenciando com o cotidiano escolar, promovendo a integração entre educação superior e educação básica.

Esse Programa Institucional proporciona, por um lado, aos futuros professores uma participação em experiências metodológicas, tecnológicas e práticas docentes de caráter inovador e interdisciplinar, buscando a superação dos problemas identificados no processo de ensino-aprendizagem. Por outro lado, incentiva os colaboradores das escolas públicas a se tornarem protagonistas nos processos formativos dos estudantes das licenciaturas, mobilizando seus docentes como coformadores dos futuros professores.

Como o tema de pesquisa do referido grupo é a aplicação da Proposta Curricular Oficial do Estado de São Paulo no cotidiano escolar, isto facilitou tanto a constituição da parceria com a professora responsável por duas turmas do 7º ano do Ensino Fundamental quanto a decisão sobre o melhor momento para a aplicação de duas atividades no cotidiano escolar de 46 alunos de um total de 63 alunos.

Fisicamente, a disposição dos alunos em sala de aula segue uma constituição de trabalho em duplas. De acordo com o relato da Coordenadora Pedagógica da escola, os professores têm autonomia de decidir a disposição geográfica dos alunos em sala, mas que normalmente eles se sentam em dupla em função das suas interações, e porque, dependendo da quantidade de alunos e do tamanho da sala, é inviável se sentarem em fileiras únicas.

As duas atividades aplicadas são exemplos de situações de aprendizagem que articulam o eixo grandezas e medidas e o tratamento da informação, sem contar a proximidade com os eixos geometria e números e operações. Mais especificamente, os temas contidos nas atividades são: arcos, ângulos centrais e setores circulares em uma circunferência; proporcionalidade e porcentagem.

Para solucionar o que é proposto nas atividades, é necessário que o aluno tenha desenvolvido competências e tenha habilidades para calcular porcentagens a partir da razão entre as partes e o todo de uma situação-problema; conhecer a relação de proporcionalidade entre ângulos e arcos em uma circunferência; representar porcentagens em gráficos de setores, fazendo a correspondência em graus de uma forma proporcional; usar o transferidor para representar setores circulares correspondentes a determinados ângulos.

Na sequência apresentamos o enunciado de cada atividade nomeada por **A1** e **A2**, seguida de uma resolução, bem como a respectiva análise dos registros de representação semiótica.

SITUAÇÃO DE APRENDIZAGEM A1

Uma pesquisa foi feita com 420 pessoas para saber qual esporte elas mais praticavam. Os resultados encontram-se na tabela a seguir.

(a) Calcule a porcentagem de cada esporte escolhido em relação ao total de entrevistados.

Esporte praticado	Número de pessoas	% em relação ao total
Futebol	210	
Vôlei	105	
Basquete	63	
Corrida	42	
Total	**420**	**100**

(b) Qual dos gráficos de setores a seguir representa melhor os dados da tabela? Justifique sua resposta.

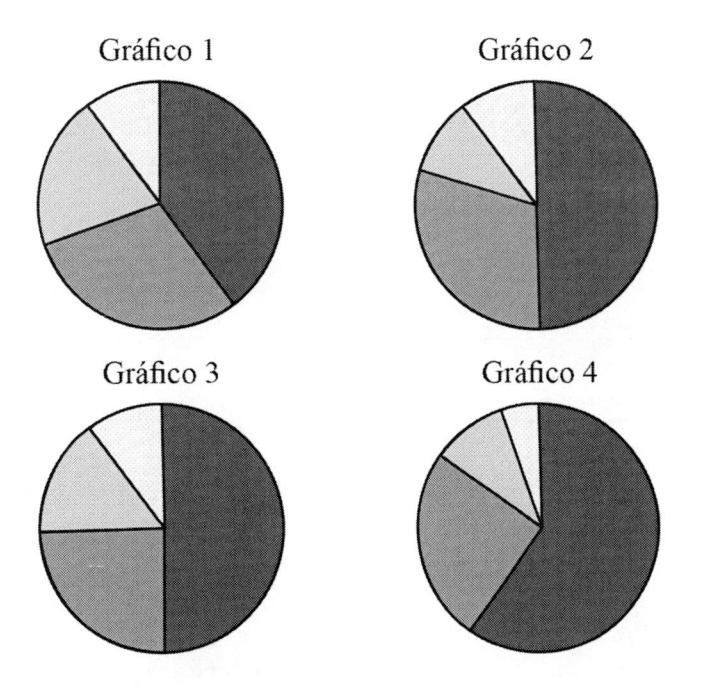

Gráfico 1

Gráfico 2

Gráfico 3

Gráfico 4

(c) Que cor corresponde a cada um dos esportes?

A resolução do item (a) exige que o estudante seja capaz de compreender que as grandezas envolvidas são diretamente proporcionais e que por meio do algoritmo da regra de três é possível obter os valores das porcentagens de cada esporte com relação ao total de entrevistados: 50% para o futebol, 25% para o vôlei, 15% para o basquete e 10% para a corrida.

O enunciado desta situação de aprendizagem é composto de registros multifuncionais discursivos (enunciado na língua natural) e de registro monofuncional discursivo numérico (dados dispostos em tabela). No item (a) é necessário a conversão do registro na forma tabular para o registro monofuncional discursivo algébrico devido ao fato de a regra de três ser um procedimento algoritmizável.

Nesta etapa da atividade, a conversão entre registros é congruente em função da aplicação da regra de três na mobilização dos registros da coluna "número de pessoas" para "% em relação ao total" e vice-versa.

A resposta para o item (b) (Qual dos gráficos de setores a seguir representa melhor os dados da tabela?) é o gráfico 3, pois o futebol é a modalidade esportiva com 50% de preferência e o vôlei 25%. Em termos de setor circular, a respectiva correspondência é de 180° e 90°.

Na perspectiva da representação semiótica, é necessário converter o registro monofuncional discursivo numérico (dados dispostos em tabela) para o monofuncional não discursivo (gráfico). O fato de a razão parte-todo associar frações do cotidiano como $\frac{1}{2}$ e $\frac{1}{4}$ favorece, por meio da visualização, a manutenção do fenômeno de congruência na transição destes registros.

Em relação ao item (c), a associação correta entre cor – modalidade esportiva é: azul – futebol, violeta – vôlei, creme – basquete e azul claro – corrida. A resposta correta pode ser obtida explorando o sentido contrário da conversão de registros do item (b), conservando o fenômeno de congruência.

O rendimento dos 46 alunos em cada um dos itens desta situação de aprendizagem é apresentado na tabela a seguir:

Tabela 3 Rendimento dos alunos.

A1	Total de acertos	Total de erros
Item (a)	30	16
Item (b)	42	4
Item (c)	44	2

No cálculo da porcentagem de cada esporte escolhido em relação ao total de entrevistados (item (a)), destacamos que dos 16 alunos que cometeram erros, na verdade, dez deles não apresentaram os cálculos requeridos; outros dois apresentaram o cálculo apenas referente ao número de pessoas que praticam futebol (210); mais dois outros alunos não organizaram o preenchimento da tabela. Finalmente, outros dois alunos estabeleceram a relação parte-todo para expressar o valor percentual para os casos do número de pessoas associadas à prática esportiva de Futebol e Vôlei, porém não perceberam a proporcionalidade para os demais casos.

Em relação aos 30 alunos que acertaram o item (a), dois deles optaram por uma solução não convencional; apresentando seu raciocínio por escrito: "percebi que 210 é metade de 420 e que 105 é metade de 210, por isso cheguei ao resultado colocado na tabela".

Em relação à escolha do gráfico de setor que representa os dados da tabela (item (b)), dos quatro erros cometidos, dois não responderam este item e dois apresentaram a seguinte justificativa: "o gráfico 1 é que representa melhor a tabela". No entanto, o registro em questão é insuficiente para a avaliação do raciocínio do aluno.

No decorrer do desenvolvimento das atividades, os alunos foram orientados sobre a importância de apresentar os registros escritos para a justificativa, como parte relevante para a análise do desempenho deles. No entanto, 18 alunos não justificaram a resposta. Outros dois apresentaram uma justificativa diferente do que era esperado: "porque é o que não passa de 25%, todos os outros passam". Neste caso, levaram em conta a modalidade vôlei com 25% dos praticantes de esporte, e, por meio do critério de exclusão, escolheram o gráfico 3. No que diz respeito ao item (c), os dois alunos fizeram a correspondência cor-modalidade esportiva errada.

SITUAÇÃO DE APRENDIZAGEM A2

O resultado de uma pesquisa feita com 80 pessoas sobre a preferência de um local de viagem gerou o seguinte gráfico:

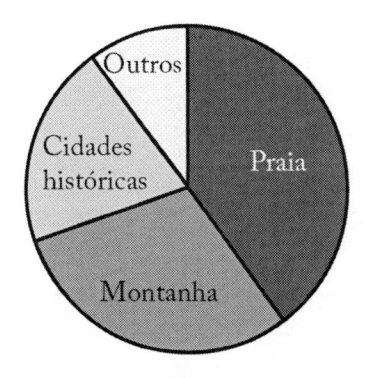

(a) Usando um transferidor, meça os ângulos centrais de cada setor circular representado no gráfico. Anote-os na tabela.
(b) Calcule as porcentagens que representam a razão entre cada ângulo e 360°. Anote-os na tabela.
(c) Calcule o número de pessoas que escolheu cada tipo de viagem. Anote na tabela.

Local	Ângulo central	%	Número de pessoas
Praia			
Montanha			
Cidades históricas			
Outros			
Total		**100,0**	**80**

Nesta atividade, as informações estão dispostas por meio de registro figural (multifuncional não discursivo), e para responder o item (a) (medida dos ângulos centrais de cada setor circular) é necessário utilizar um instrumento apropriado para medida angular como o transferidor para conversão do registro dado em um sistema de escrita numérico (registro monofuncional discursivo).

Os resultados desejáveis são apresentados a seguir:

Tabela 4 Medida angular dos setores circulares.

Local	Grau
Praia	144,0
Montanha	108,0
Cidades históricas	72,0
Outros	36,0
Total	**360,0**

A partir da instrução contida no enunciado do item (b) (razão entre cada ângulo e 360°), o aluno deve ser capaz de construir uma proporção envolvendo grandezas diretamente proporcionais, de modo que a quarta proporcional seja um resultado porcentual, conforme dados expostos na tabela a seguir:

Tabela 5 Cálculo das porcentagens.

Local	%
Praia	40,0
Montanha	30,0
Cidades históricas	20,0
Outros	10,0
Total	**100,0**

Para a construção dos valores da Tabela 5 é necessário a apreensão do conceito de proporção e a habilidade de associar adequadamente as grandezas para a montagem do algoritmo da Regra de Três. A competência exigida nesta etapa da atividade é fundamental para a capacidade de conversão (equivalência entre medida angular e porcentagem), a qual implica a coordenação dos registros mobilizados.

No que diz respeito à aprendizagem matemática, o item (c) requer o mesmo grau de compreensão do conceito de proporção, porém a quarta proporcional envolve a grandeza discreta números de pessoas por localidade de viagem. As respostas estão dispostas a seguir:

Tabela 6 Número de pessoas por viagem.

Local	Número
Praia	32
Montanha	24
Cidades históricas	16
Outros	8
Total	**80**

O rendimento dos 46 alunos em cada um dos itens desta situação de aprendizagem é apresentado na tabela a seguir:

Tabela 7 Rendimento dos alunos.

A2	Total de acertos	Total de erros
Item (a)	33	13
Item (b)	4	42
Item (c)	2	44

Dos 13 erros cometidos no item (a), seis deles mediram os ângulos com valores aproximados daqueles desejados, porém a soma das partes não conservou 360°. Os resultados obtidos para o somatório foram 362°, 370° e 355°. Dois alunos apresentaram a seguinte justificativa: "não sabemos usar o transferidor". Outros dois alunos justificaram: "não consigo medir os ângulos". Finalmente, três alunos não apresentaram o preenchimento das informações na tabela quanto à medida do ângulo central.

Em relação ao número de acertos (item (a)), 15 alunos mediram os ângulos com valores aproximados daqueles desejados. De um modo geral, apenas quatro alunos não conseguiram utilizar o transferidor para obter medidas angulares. No entanto, o montante de erros cometidos refletiu no desempenho dos demais itens.

Na totalidade dos erros cometidos no item (b), 26 deles dizem respeito ao não preenchimento das informações na tabela, assim como os cálculos necessários. Seis alunos apresentaram justificativas escritas similares: "nós não conseguimos montar porque é muito difícil", "nós não conseguimos montar a conta", "não consigo montar conta de X". Este último relato escrito de dois alunos contradiz com o desempenho deles na questão anterior, cujos cálculos requeridos foram realizados com o algoritmo da regra de três. É o caso também de outros dois alunos que justificaram: "não sei calcular porcentagem no ângulo". Há também uma contradição com os registros apresentados por estes dois alunos, corretamente no algoritmo para o item (a) da atividade anterior.

Nesta etapa da situação de aprendizagem, outros seis alunos apresentaram o algoritmo correto da regra de três para o caso do ângulo central 144°, e não continuaram a resolução para os demais casos. Em relação à atividade anterior, quatro destes mesmos alunos efetuaram apenas um cálculo aplicando corretamente a regra de três.

Ainda com relação ao item (b), dois outros alunos haviam sobre-estimado os valores de dois ângulos centrais e, consequentemente, os valores percentuais foram avaliados como errados. No entanto, o algoritmo da regra de três foi aplicado corretamente. Um registro escrito por estes alunos ratificam este parecer: "na porcentagem, nós multiplicamos por 100 e dividimos por 360".

No protocolo de 44 alunos não houve registros escritos para o item (c), inviabilizando um diagnóstico de desempenho.

CONSIDERAÇÕES FINAIS

O percentual de erros dos alunos na situação de aprendizagem **A1** está concentrado no item (a), e pela análise dos protocolos dos alunos, a falta de habilidade na aplicação da regra de três é decorrente da construção do conceito de proporcionalidade, em particular do tratamento das grandezas diretamente proporcionais.

Já na situação de aprendizagem **A2**, o percentual é altíssimo nos dois últimos itens, os quais dependem do conceito de proporcionalidade a partir da identificação de grandezas diretamente proporcionais.

A elaboração desse enunciado leva em conta uma interdependência entre seus três itens, bem como a combinação de diversos conceitos como arco, ângulo central, setor circular e porcentagem, todos permeados pelo conceito de proporção. Os diversos conceitos citados foram trabalhados quatro meses letivos antes da aplicação dessa segunda atividade, o que pode ter contribuído no rendimento dos alunos.

Uma hipótese que podemos expor com o objetivo de contribuir no desempenho dos alunos seria retomar conteúdos já estudados, tendo em vista que o eixo Tratamento da Informação, por excelência, propicia conexões com conteúdos de outros eixos temáticos da matemática.

Resgatando o nosso problema de pesquisa, a compreensão do objeto matemático, no caso, gráfico de setores, depende da apreensão conceitual desejável ao nível de aprendizagem exigida para o objeto. Nas situações de aprendizagem propostas, as competências e habilidades exigidas dos alunos transitam entre o eixo grandezas e medidas e o tratamento da informação, sem contar a proximidade com os eixos geometria e números e operações.

No desenvolvimento da atividade exige-se uma multiplicidade de registros, os quais, em suas conversões, precisam ser articulados. Para que haja um desempenho satisfatório, é necessário que o aluno esteja engajado em um processo de aprendizagem em que as conexões matemáticas ocorram de forma intradisciplinar. Mais especificamente, a ideia de proporcionalidade permeia o currículo do Ensino Fundamental II e Médio de forma espiralar, ou seja, de forma contínua e com níveis de graus de dificuldades distintos. Então, a relação espaço-tempo entre a aprendizagem de conceitos geométricos relativos ao círculo e a construção de gráfico de setores precisa ocorrer de forma articulada.

Nossa pesquisa mostrou que a defasagem conceitual compromete a conversão de registros, e a falta de articulação entre conceitos e eixos temáticos compromete o desempenho dos alunos em situações de aprendizagem nas quais o fenômeno de não congruência é preponderante.

REFERÊNCIAS BIBLIOGRÁFICAS

BRASIL. Ministério da Educação. *Parâmetros Curriculares Nacionais*: terceiro e quarto ciclos do ensino fundamental: Matemática. Brasília: MEC/SEF, 1998. 148 p.

CARVALHO, D. L.; OLIVEIRA, P. C. Quatro concepções de probabilidade manifestadas por alunos ingressantes na licenciatura em matemática: clássica, frequentista, subjetiva e formal. In: REUNIÃO ANUAL DA ANPED, 25., 2002, Caxambu. *Anais...* Caxambu, 2002. 12 p.

DUVAL, R. Registros de representações semióticas e funcionamento cognitivo da compreensão em matemática. In: MACHADO, S. D. A. (Org.). *Aprendizagem em matemática*: registros de representação semiótica. Campinas: Papirus, 2003. p. 11-33.

_____. *Semiósis e pensamento humano*: registro semiótico e aprendizagens intelectuais. Tradução de Lênio Fernandes Levy e Marisa Rosâni Abreu da Silveira. São Paulo: Editora Livraria da Física, 2009. (fascículo I).

FLORES, C. R.; MORETTI, M. T. O Funcionamento Cognitivo e Semiótico das Representações Gráficas: ponto de análise para a aprendizagem matemática. In: REUNIÃO ANUAL DA ANPED, 28., 2005, Caxambu. *Anais...* Caxambu, 2005. 12 p.

LARROSA, J. Notas sobre a experiência e o saber da experiência. Tradução de João Wanderley Geraldi. *Revista Brasileira de Educação*, n. 19, p. 20-28, 2002.

LÉON, N. Explorando las nociones básicas de probabilidad a nivel superior. *Paradigma*, v. 19, n. 2, p. 125-143, 1998.

OLIVEIRA, P. C. *O processo de aprender noções de Probabilidade e suas relações no cotidiano das séries iniciais do Ensino Fundamental*: uma história de parceria. 199 p. Tese de Doutorado – Faculdade de Educação, Universidade Estadual de Campinas, Campinas, 2003.

SÃO PAULO. Secretaria da Educação do Estado. *Proposta Curricular do Estado de São Paulo*: Matemática, 1º grau. São Paulo: CENP, 1991.

_____. Secretaria da Educação do Estado. *Proposta Curricular do Estado de São Paulo*: Matemática. Coord. Maria Inês Fini. São Paulo: SEE, 2008. 64 p.

_____. Secretaria da Educação do Estado. *Cadernos do professor, 5ª série, 4º bimestre, Matemática.* São Paulo: SEE, 2010a.

_____. Secretaria da Educação do Estado. *Cadernos do professor, 6ª série, 3º bimestre, Matemática.* São Paulo: SEE, 2010b.

_____. Secretaria da Educação do Estado. *Cadernos do professor, 7ª série, 1º bimestre, Matemática.* São Paulo: SEE, 2010c.

_____. Secretaria da Educação do Estado. *Cadernos do professor, 8ª série, 4º bimestre, Matemática.* São Paulo: SEE, 2010d.

Série
Apontamentos

- AÇÕES DEVIDAS AO VENTO EM EDIFICAÇÕES
  João Alfredo Azzi Pitta

- ALGUNS QUADROS DE SOFRIMENTO PSÍQUICO
  Carmen Lúcia Alves e Sofia C. Iost Pavarini

- ASPECTOS JURÍDICOS RELACIONADOS AO ENVELHECIMENTO: UMA ANÁLISE DE TEMAS PUBLICADOS NA MÍDIA
  Luzia Cristina Antoniossi Monteiro, Sofia Cristina Iost Pavarini (Organizadoras)

- BIOSSEGURANÇA NA ÁREA DE SAÚDE: UMA ABORDAGEM INTERDISCIPLINAR
  Ana Cristina Vasconcelos Fialho, Fernando M. Araújo-Moreira, Cristiane Leite de Almeida, Antonio Ap. Pupim Ferreira e Cristina Paiva de Sousa

- CARTILHA DA LÓGICA, A - 2ª EDIÇÃO
  Maria do Carmo Nicoletti

- CARTILHA PROLOG, A
  Maria do Carmo Nicoletti

- CATÁLOGO DE AVALIAÇÃO DO NÍVEL DE INDEPENDÊNCIA DE CRIANÇAS DE 4 A 8 ANOS NAS ATIVIDADES DE VIDA DIÁRIA
  Thelma Simões Matsukura e Edna Maria Marturano

- CONTRIBUIÇÕES PARA A ESTIMULAÇÃO DO DESENVOLVIMENTO DE BEBÊS DE RISCO
  Nancy Vinagre Fonseca de Almeida, Maria Stella Coutinho de Alcantara Gil

- CONTROLE DIGITAL DE PROCESSOS QUÍMICOS COM MATLAB E SIMULINK
  Wu Hong Kwong

- CONTROLE NA FABRICAÇÃO DE ÁLCOOL
  Cláudio Hartkopf Lopes e Maria Teresa Mendes Ribeiro Borges

- CUIDANDO DO ADULTO: AÇÕES DE ENFERMAGEM NO ATENDIMENTO DAS NECESSIDADES HUMANAS BÁSICAS
  Anamaria Alves Napoleão, Noeli Marchioro Liston Andrade Ferreira, Rosely Moralez de Figueiredo, Juliana Martins, Aline Helena Appoloni, Sérgia Haddad Mota e Talita Poliana Roveroni Moraes

- CULTURA CORPORAL – ALGUNS SUBSÍDIOS PARA SUA COMPREENSÃO NA CONTEMPORANEIDADE
  Luiz Gonçalves Junior

- CURSO DE FÍSICA COMPUTACIONAL 1 PARA FÍSICOS E ENGENHEIROS FÍSICOS
  Regiane Aparecida Ragi Pereira

- DESENVOLVIMENTO DE MÉTODOS POR HPLC
  Quezia B. Cass e Ana Lúcia Gusmão Degani

- DESENVOLVIMENTO DE NOVOS EMPREENDIMENTOS
  Ana Lucia Vitale Torkomian e Edemilson Nogueira

- DIMENSIONAMENTO DE ELEMENTOS ESTRUTURAIS EM AÇO SEGUNDO A NBR 8800:2008
  Alex Sander Clemente de Souza

- EDUCAÇÃO FÍSICA ESCOLAR E A QUESTÃO DO GÊNERO NO BRASIL E EM PORTUGAL, A
  Luiz Gonçalves Junior e Glauco Nunes Souto Ramos

- ELETRICIDADE APLICADA À ENGENHARIA
  Maria Zanin e Ioshiaqui Shimbo

- EQUAÇÕES DIFERENCIAIS PARCIAIS COM MAPLE V
  José Antonio Salvador

- ESTÁGIOS EM EDUCAÇÃO FÍSICA: EXPERIÊNCIA DE AÇÃO E REFLEXÃO
  Glauco Nunes Souto Ramos (Organizador)

- ESTRUTURA E PROPRIEDADES DOS POLÍMEROS
  Abigail Salles Lisbão

- ESTUDOS AVANÇADOS DO DESENVOLVIMENTO INFANTIL
  Maria Stella Coutinho de Alcântara Gil e Nancy Vinagre Fonseca de Almeida

- EVAPORADORES
  Everaldo Cesar da Costa Araujo

- EXERCÍCIOS APLICADOS À FÍSICO-QUÍMICA DOS POLÍMEROS
  Abigail Salles Lisbão

- FONTES DE INFORMAÇÃO: UM MANUAL PARA CURSOS DE GRADUAÇÃO EM BIBLIOTECONOMIA E CIÊNCIA DA INFORMAÇÃO
  Maria Matilde Kronka Dias e Daniela Pires

- FORMAÇÃO E DESENVOLVIMENTO DE COLEÇÕES DE SERVIÇOS DE INFORMAÇÃO
  Maria Matilde Kronka Dias e Daniela Pires

- FORMATO MARC 21 BIBLIOGRÁFICO ESTUDO E APLICAÇÕES PARA LIVROS, FOLHETOS, FOLHAS IMPRESSAS E MANUSCRITOS
  Zaira Regina Zafalon

- FUNDAMENTOS DA ECOLOGIA PARA O TURISMO: INTRODUÇÃO AOS CONCEITOS BÁSICOS EM ECOLOGIA VOLTADOS AO PLANEJAMENTO DE ATIVIDADES TURÍSTICAS SUSTENTÁVEIS
  Marcelo Nivert Schlindwein

- FUNDAMENTOS DA LÓGICA APLICADA À RECUPERAÇÃO DA INFORMAÇÃO
  Ariadne Chloë Furnival

- FUNDAMENTOS DA TEORIA DE CONJUNTOS FUZZY
  Maria do Carmo Nicoletti e Heloisa de Arruda Camargo

- FUNDAMENTOS DA TEORIA DOS GRAFOS PARA COMPUTAÇÃO
  Maria do Carmo Nicoletti e Estevam Rafael Hruschka

Série Apontamentos
EdUFSCar

- HIPERTEXTO DE MÉTODOS DE MATEMÁTICA APLICADA COM MAPLE V
  José Antonio Salvador

- INFORMAÇÃO PARA COMPETITIVIDADE EMPRESARIAL (ICE): USO DE FONTES DE INFORMAÇÃO PARA ESTRATÉGIA E INTELIGÊNCIA DOS NEGÓCIOS
  Sergio Luis da Silva

- INTRODUÇÃO À BIOFÍSICA ESTRUTURAL
  Ignez Caracelli e Julio Zukerman-Schpector

- INTRODUÇÃO À HARMONIA TRADICIONAL E AO CONTRAPONTO – CADERNO DE EXERCÍCIOS
  Glauber Santiago

- INTRODUÇÃO À TECNOLOGIA AGROINDUSTRIAL
  Cláudio Hartkopf Lopes e Maria Teresa Mendes Ribeiro Borges

- INTRODUÇÃO AO CONTROLE DE PROCESSOS QUÍMICOS COM MATLAB – VOLUMES 1 E 2
  Wu Hong Kwong

- INTRODUÇÃO AO CONTROLE PREDITIVO COM MATLAB
  Wu Hong Kwong

- INTRODUÇÃO ÀS LIGAÇÕES QUÍMICAS
  José de Anchieta Rodrigues

- LÓGICA PARA PRINCIPIANTES
  Mark J. R. Cass

- LOGÍSTICA: VISÃO GLOBAL E *PICKING*
  Daniel Fernando Bozutti, Miguel A. Bueno-da-Costa e Remigio Ruggeri

- MARKETING EM CIÊNCIA E TECNOLOGIA: CONCEITOS E PRINCÍPIOS BÁSICOS PARA AMBIENTES INFORMACIONAIS
  Maria Matilde Kronka Dias e Maria Cristina Comunian Ferraz

- MATLAB: FUNDAMENTOS E PROGRAMAÇÃO
  Carlos Eugenio Vendrametto Junior e Selma Helena de Vasconcelos Arenales

- MECÂNICA DOS SÓLIDOS 1 – VOLUMES 1 E 2
  José Sergio Komatsu

- MECÂNICA DOS SÓLIDOS ELEMENTAR
  José Sergio Komatsu

- MENTE, CÉREBRO E CONSCIÊNCIA NOS PRIMÓRDIOS DA METAPSICOLOGIA FREUDIANA: UMA ANÁLISE DO PROJETO DE UMA PSICOLOGIA (1895) – VOLUME I
  Richard Theisen Simanke

- MODELO DE APRENDIZADO DE MÁQUINA BASEADO EM EXEMPLARES: PRINCIPAIS CARACTERÍSTICAS E ALGORITMOS, O
  Maria do Carmo Nicoletti

- MODELOS PROBABILÍSTICOS APLICADOS À ENGENHARIA DE PRODUÇÃO
  Reinaldo Morabito

- PATENTES – CONCEITOS E PRINCÍPIOS BÁSICOS PARA A RECUPERAÇÃO DA INFORMAÇÃO
  Maria Cristina Comunian Ferraz

- PESQUISANDO E NORMALIZANDO: NOÇÕES BÁSICAS E RECOMENDAÇÕES ÚTEIS PARA A ELABORAÇÃO DE TRABALHOS CIENTÍFICOS
  ACRESCENTA EXEMPLOS DE REFERÊNCIAS NO ESTILO VANCOUVER
  Maria Angélica Dupas

- PROCEDIMENTOS PARA O BIBLIOTECÁRIO ABRIR SUA PEQUENA EMPRESA DE PRESTAÇÃO DE SERVIÇOS
  Elaine de Oliveira Machado

- PROPRIEDADE INTELECTUAL E CONHECIMENTO TRADICIONAL
  Maria Cristina Comunian Ferraz

- PROTOCOLOS E RACIONAL PARA AVALIAÇÃO DE RISCOS RELACIONADOS À OCORRÊNCIA DE LESÕES MUSCULOESQUELÉTICAS NO TRABALHO
  Helenice Jane Cote Gil Coury e Tatiana de Oliveira Sato

- PSICOFÁRMACOS - 2ª EDIÇÃO
  Carmen Lúcia Alves Filizola, Sofia Cristina Iost Pavarini e José Fernando Petrilli Filho

- RAIOS X: DIFRAÇÃO E ESPECTROSCOPIA
  José de Anchieta Rodrigues

- REDAÇÃO DE RELATÓRIOS PARA QUÍMICOS
  André Fernando de Oliveira, Astréa F. de Souza Silva e Mário Alberto Tenan

- RELAÇÃO ENFERMEIRO–PACIENTE E INSTRUMENTOS PARA COLETA DE DADOS - 2ª EDIÇÃO, A
  Carmen Lúcia Alves e Sofia C. Iost Pavarini

- RESISTÊNCIA DOS MATERIAIS – VOLUMES 1 E 2
  José Sérgio Komatsu

- SISTEMAS NUMÉRICOS E TRATAMENTO DE INTEIROS NO PASCAL
  Maria do Carmo Nicoletti e Sandra Abib

- TEMAS DE INTRODUÇÃO À PSICANÁLISE FREUDIANA
  Richard Theisen Simanke e Fátima Caropreso

- TROCADORES DE CALOR
  Everaldo Cesar da Costa Araujo

- USO DO EXCEL PARA QUÍMICOS, O
  André Fernando de Oliveira, Astréa F. de Souza Silva, Mário Alberto Tenan, Marcos Flores Júnior e Sérgio Lineu Olivo

- USOS E USUÁRIOS DA INFORMAÇÃO
  Maria Matilde Kronka Dias e Daniela Pires